Hildegard Pflügler

Mit einem Lächeln auf den Lippen...

Gedichte und kurze Erzählungen

Bibliografische Information der Deutschen Nationalbibliothek:
Die Deutsche Nationalbibliothek verzeichnet diese Publikation
in der Deutschen Nationalbibliografie; detaillierte bibliografische Daten sind im Internet über www.dnb.de abrufbar.

Herstellung und Verlag: BoD – Books on Demand, Norderstedt

ISBN 978-3-7347-3576-9

Hildegard Pflügler „Mit einem Lächeln auf den Lippen..."

© 2014 Hildegard Pflügler

Alle Rechte vorbehalten

Satz: Hildegard Pflügler

Umschlaggestaltung: Hildegard Pflügler

Umschlagbild: Hildegard Pflügler

Vorwort

Dieses Buch ist in der Hauptsache ein Gedichtband, enthält aber auch einige kurze Geschichten. Ebenso sind 8 Limericks enthalten. Der Limerick ist ein Fünfzeiler ohne Titel, reimt sich aber (aa bb a) und ist meist lustig oder ironisch. Das lange Adventgedicht im letzten Teil ist ohne Reim, wie es neuerdings modern ist. Den Schluss bilden einige Aphorismen.

28 Gedichte sind im Bayerischen Dialekt geschrieben. Nach meiner Meinung soll dieser- wie andere Dialekte natürlich auch-nicht aussterben. Weil ich aus Oberbayern bin, ist es in diesem Buch der oberbayerische Dialekt, an den erinnert wird.

Ich hoffe, das Lesen macht Ihnen genau so viel Spaß, wie mir das Dichten gemacht hat.

Ihre Hildegard Pflügler

Inhalt

Menschliches und allzu Menschliches
Seite. 7

Charakteristiken
Seite. 37

Im Jahresverlauf
Seite. 61

Kindergedichte und -geschichten
Seite. 89

Tiergedichte u. -geschichten
Seite. 111

Lyrisches und Besinnliches
Seite. 131

Menschliches und allzu Menschliches

Schönheitspflege

Alma ist nicht eitel,
doch so dann und wann,
setzt sie von Fuß bis Scheitel
eine Schönheitspflege an.

Gesichtsmaske und Gurkenscheiben
sollen ihre Falten vertreiben.
Auch die Gesichtsmassage
ist gut für ihre Visage.
Pediküren und Maniküren
sind zwar noch keine Allüren;
aber in diesem Jahr
änderte sie ihr Haar:
Sie ließ es nicht nur frisieren,
sondern auch neu sanieren.
Es bekam einen anderen Schnitt,
wurde blondiert und onduliert
und schließlich auch noch toupiert.
Hoffentlich macht es das mit!
Vorsicht Alma! Es kann passieren,
dass dein Mann dich nicht mehr kennt
und zu einer anderen rennt!

Die Abmagerungskur

Mit einem Kreislaufkollaps ist nicht zu spaßen,
ich glaube, sie müssen Pfunde lassen!
So sprach der Arzt zu Herrn Lemur.
Am besten, ich schicke sie zur Kur.

So kam Herr Lemur mach Bad Öhn,
fand es aber dort nicht schön.
Es war ein netter, geschmückter Ort,
doch Herr Lemur wollte fort.

Der Ort trug daran keine Schuld,
die Klinik fand nicht seine Huld.

Joggen, Schwimmen, Trainieren,
er empfand es als Schikanieren.

Dazu nur 1000 Kalorien pro Tag,
für ihn war alles wie ein Schlag.
Er freute sich schon auf zu Hause,
da wollte er essen ohne Pause.

Die Rechnung war ohne Wirt gemacht!
Seine Frau hatte schon alles durchdacht
und hatte eine Liste mit Speisen,
die täglich nur 1000 Kalorien aufweisen.

Der Raucher

Hans Peter ist in großer Not,
denn er raucht wie ein Schlot.
Ja, es ist wirklich keine Mär,
ein Raucher hat`s heut` schwer.

Ob in Straßen- oder Eisenbahn,
überall steht Rauchverbot dran.
Auch in den meisten Gaststätten
-man kann fast darauf wetten-
ist es verboten zu rauchen;
wo doch Hans es liebt zu schmauchen.

Früher durfte er wenigstens zu Haus`;
aber das ist schon lange aus.
„Du denkst doch nicht, dass ich wegen dir
einen Lungenkrebs riskier",
sagt seine Frau und sie hat Recht.
Ach, er ist schon ein armer Specht!

Er weiß, das giftige Nikotin
hat auch für ihn keinerlei Sinn.
Morgen kauft er ein Raucherpflaster,
damit er es los wird, sein Laster.

Die Lücke

Lore war mit Freunden beim Baden
und hernach zum Essen geladen.
Weil nun dieses schmeckte toll,
war sie sehr bald zu und voll.
Doch da gab`s noch eine Torte,
die war nicht von schlechter Sorte.
Und trotz zu gefülltem Bauch
aß sie davon auch. Sie meinte:
Das ist bei mir die große Tücke,
für Süßes ist stets eine Lücke.

Passender Limerick

Die junge Annette
ist eine sehr Nette.
Süßem kann sie nicht widersteh`n,
leider kann man das schon seh`n:
Jetzt ist sie eine Fette.

Das neue Auto

Das Auto ist neu und schön,
wirklich herrlich anzuseh`n!
Leo ist der stolze Besitzer
und der einzige Benützer.

Neulich nach dem Theaterbesuch
-hinterher scheint es wie ein Fluch –
ließ er sich von der Freundin sagen,
ob er ein Stück zurück kann wagen.

Ja, sagte sie und er folgte ihr.
Nun hat er eine Delle als Zier
an seinem rechten Kotflügel.

Am liebsten gäbe er sich Prügel,
 denn er kann es halt nie lassen
sich auf andere zu verlassen.

Wo bleibt der Bart?

Der 17 jährige Schüler Bernhard
hat leider immer noch keinen Bart.
Das macht ihm sehr viel Kummer
und weckt ihn aus dem Schlummer.
Er denkt:
Hoffentlich seh`n die andern es nicht,
auf so was sind sie ja ganz erpicht.

Er kauft Salben so viel er kann,
denn ohne Bart ist man kein Mann.
Alle Tage prüft er am Spiegel,
doch trotz der vielen kleinen Tiegel,
bis jetzt ist alles ergebnislos.
Es scheint fast, das ist sein Los.

Da bemerkt er am nächsten Morgen,
dass vorbei sind seine Sorgen.
Es ist zwar nur ein leichter Flaum,
-ja, man erkennt ihn kaum-
Bernhard macht sofort eine Rasur,
so bleibt endlich eines Bartes Spur.

Die Brille

In meiner Hand - ein wichtiger Brief,
doch wo auch herum ich lief,
sie war einfach nicht zu finden.
Bin ich denn schon am Erblinden?

Ich suchte im Garten, in allen Zimmern,
schön langsam fing ich an zu wimmern,
verschollen war sie, die Brille!
Ist sie in der Sesselrille?

So dacht` ich und bückte mich runter.
Hier ist sie! rief ich jetzt munter.
Sie hing um meinen Hals ganz brav,
ach, was bin ich für ein Schaf!

`s Mongdratzerl

„Kartoffenudl gibts heit", sogt d`Anne.
„Do drauf hob i mi scho gfreit",moant da Mane.
„Host a gnua gmacht"?,frogt a gschbannt,
„deine san ja de bestn im Land".

„I hob a bißl weni Katoffe ghabt,
aba dafia gibt's ja no Wüaschtl und Graut",
sogt d`Anne und hot an Mane erdappt,
wiara entdeischt de Nudln oschaut.

Jetzt schimpft er:
„Ja wos wuist denn mit dem Mongdratzerl?
Des is hächstns wos fias Katzerl,
aba net fia an gstandna Mo,
Ja wia ma bloß so dappe sei ko."

Die Torte

Ein Konditor ist er der Max,
einer der besten seines Fachs.
Neulich schuf er eine Torte,
da fehlten dem Lehrling alle Worte.

Das Wasser lief in seinem Mund
das schmerzte fast wie eine Wund`.
Es kämpften Gier und Vernunft
und er verfluchte seine Zunft.

Kaum verließ der Meister den Raum,
erfüllte er sich seinen Traum:
Ein Stück Torte verdrückte er schnell,
dann verließ er der Sünde Stell.

Im WC sperrte er sich ein,
bis vorbei des Meisters Schrei`n.
Erst dann kam er wieder hervor
und bezog gleich eine übers Ohr.

Da spürte er im Bauch ein Rumoren,
schlimmer als der Schmerz auf den Ohren.
Eilig lief er zum gewissen Ort
und erleichterte sich dort.

Man sieht: Um sich an einer Torte zu laben,
muss man ein gutes Gewissen haben!
Man soll sich auch Zeit lassen können,
dann muss man nicht zum Örtchen rennen!

Im Tierpark

Im Tierpark war ich mit meinem Sohn,
fürs gute Zeugnis war das sein Lohn.
Er war fröhlich und gespannt
auf den jüngsten Elefant.

Weil ein schöner Sommertag war,
vergnügte sich im Freien die ganze Schar.
Ein großer Schelm mit langem Rüssel
nahm mir den Hut ab und - die Schlüssel.

Beides gab er wieder zurück,
doch da stach mich eine Mück`.
Ja, es umschwärmte mich ein Heer
und ich wusste hernach nichts mehr.

Der Hut? Der war auf meinem Kopf!
Aber die Schlüssel, wo waren die?
Ich musste suchen, ich armer Tropf!
Endlich, endlich, fand ich sie:

Als ich in der Manteltasche wühlte,
spürte ich darin ein Loch.
Erst als ich den Saum entlang fühlte,
rief ich: Hier sind sie doch!

Und die Moral von der Geschicht`:
Den Elefanten kann man trauen,
dem Loch im Mantel leider nicht!
Drum muss man mehr nach
Löchern schauen!

Im Stau

Ei, was bin ich superschlau,
dacht` nicht an den Urlaubsstau!
Zu einer Freundin wollt` ich schnell,
stattdessen steh ich auf der Stell`.

Kann nicht vor und nicht zurück,
ja, das nennt man Urlaubsglück!
Mein Vordermann steigt nun aus,
hält ruhig seinen Mittagsschmaus.

Der Hintermann isst auch gleich hier,
samt Frau und Kind und einem Bier.
Sogar Stühle hat er dabei,
der Stau, der ist ihm einerlei.

Ich dagegen erblasse vor Neid,
mein Magen hätt` auch gern Mittagszeit.
Doch sowohl Trinken, als Essen,
habe ich daheim vergessen.

Die Freundin wird längst mich vermissen,
- wenigstens sollte sie alles wissen!-
Mit meinem Handy will ich `s ihr sagen.
Kein Netz! – Wer sollte da nicht klagen!

Das Kochen

Das Kochen, subjektiv genommen
ist ohne Zweifel sehr willkommen,
solang man es nicht selber muss,
sondern hat nur den Genuss.

Doch als Ehefrau und Mutter
soll man sorgen für Brot und Butter
und vor allem für warmes Essen! –
Später – wird man dran gemessen!

Also: Plan, Einkauf, Gemüse schneiden!
Kannst du es auch gar nicht leiden,
wie Kochgeschirr gehört`s dazu
und lässt dir leider keine Ruh!

Bist du endlich dann so weit,
ist vergangen sehr viel Zeit!
Schmeckt es allen, ist das dein Lohn!
Wenn nicht, kommt zur Mühe noch der Hohn!

Drum sorge schon im Vorverfahren,
dass du das Kochen kannst dir sparen
und niemand es verlangen kann!
Ein guter Rat: Werd`gleich ein Mann!

Mit Hut

„Bekleidung für den Kopf
 ist doch ein alter Zopf",
 sprach Bruno und hielt sich daran,
denn er ist ein trainierter Mann.
Eine Mütze bei großer Kälte
war alles, was für ihn zählte.

Doch heute bräuchte er einen Hut!
Die Mütze wäre sicher nicht gut,
wenn er sich da vorstellen will,
wo er schneller kommt zum Ziel.
Vom Opa sind noch Hüte im Schrank
die probiert er durch die Bank.

Mit Hut rennt er dann davon,
denn man wartet sicher schon!
Ohne Mütze friert er am Kopf
und drum denkt der arme Tropf,
er habe den Hut liegen lassen
und eile ohne durch die Gassen.

Er empfindet es abgekartet,
dass dort eine Garderobe wartet.
Also gibt er den Mantel her,
der Haken für den Hut bleibt leer.
Doch eine Vorstellung geht nicht gut,
zwar ohne Mantel, aber mit Hut.

Vor da Woih

Wem ko ma no draun?
Auf wen ko ma baun?
Sans de oder de?
Redn dean olle schee!

Wenns hernoch so schee handln dan,
kanntn mia gor net wäihn,
denn noch ihre Worte warn
olle so,
dass uns dat nix feihn.

Ja und ?

I bi vui z`arm,
i ko net nach Ohio! -
Ja und?
Koa Grund fia an Harm,
is ja no dei Dorf do!

I bi leider z`gloa,
i ko nirgands nauflanga! -
Ja und?
Du konnst wos dageng doa,
nimm ganz oafach a Stanga!

I bi vuiz`dick,
i ko mi nimma oschaun! -
Ja und?
koa Grund fia an Knick,
so – host gnua zum Abbaun!

I bi leida z`oid,
I ko nix anders mehr denga! -
Ja und ?
Du bist no net koid
oiso lass di net henga!

Ja do legst di nieda

Ja do legst di nieda!
Guate Notn hot er da Dieter!
Jetzt konn er wos Gscheits wern;
Aba studiern muass er in da Fern!

Des is scho a groß Kreiz,
dass bei uns koa Uni gibt.
Fürn Buam hots freili an Reiz,
i hoff, er werd net ausgsiebt!

Ja do legst di nieda!
Wos höa i grod vom Frieda?
Er mächt aa wos studiern,
er hot aa wos im Hirn!

Do kenna ja unsre zwoa
zamziang, dann sans net alloa.
Dann werns mitanand Mieta!
Ja do legst di nieda!

Das Kissen

Liebes gutes, weiches Kissen,
ich würde dich schon sehr vermissen,
wenn ich dich nicht hätt`,
in meinem warmen Bett!

Ohne dich wäre es nicht so warm,
auch fehlte die Stütze für meinen Arm.
Ohne dich könnte ich nicht schlafen
und nicht träumen vom Urlaubshafen!

Du bist zwar klein, aber fein
und vor allem mein!
Ich brauche dich unter meiner Wange,
dann schlaf´ ich sicher gut und lange!

Du bist für mich lebenswichtig,
manch andre Dinge Null und nichtig!
Auf jene verzichte ich gern,
nur nicht auf meinen Augenstern!

Wenn ich auf dir liege,
fühl` ich mich geborgen wie in der Wiege.
So bewirkt oft Kleines viel!
Nicht nur Großes führt zum Ziel!

Die gestörte Bügelstunde

Isabell bügelt im Keller.
Neben ihr auf einem Teller
ein Stück Brot mit Leberwurst,
daneben ein Limo für den Durst.

„Draußen scheint es warm zu sein,
da lass ich mal die Wärme rein",
murmelt sie und öffnet die Tür.
Herein schleicht ein Mäuslein voller Gier.

Es streicht, denn es ist nicht dumm,
um den Essensplatz herum.
Es denkt: Vielleicht fällt was herab,
das ich mir dann schnapp.

„Pfui, eine Maus!" schreit da Isabell
und steigt auf eine Bank.
„Mieze, bitte fang sie schnell,
sonst werde ich noch krank!"

Die Mieze fängt die Maus im Nu
und wundert sich über Isabells Getu.

D`Hirnbatzl

Unser Lehrer, der Herr Gratzl
war a ganz passabler Mo.
Aber seine Hirnbatzl
ham ganz sche wäh do.

Wenn ma net aufpasst ham
oder s`Lerna vagessn,
war er glei am Damm
und s`Batzl is gsessn!

"Do brauchst gor net flenna!
Hättst bloß lerna miassn,
dann datst jetzt wos kenna.
So muasst hoit biassn".

Des war oiwei sei Red.
Mia ham aber liaba glernt
beim nettn Lehrer Flet.
Hirnbatzl braucht der net!

Da Zuaweziaga

Kinda ham uns Opernkartn gschenkt,
ham aba net dro denkt,
dass mia scho nix mehr seing,
wenn de richtign Glasl feihn.

A Zuaweziaga war hoit recht,
mei oida is scho ziemle schlecht;
i kaf uns morgn an neia
und hoff, er is net z`deia.

Denn net nur Kartn kostn wos,
aa Auto, Frisör und Outfit,
`s Geid hot ma so schnei los
und Bank macht aa net ois mit.

100 Euro war sei Preis
und i sogs eich nur ganz leis,
bis se der rentiert,
san mia ruiniert.

In einer verzwickten Lage

Frau Gruber war beim Urologen. Ihre Jacke legte sie ab und hängte sie in einen offenen Garderobenschrank. Sie musste eine unangenehme Prozedur über sich ergehen lassen und war am Schluss ziemlich aufgeregt. Sie war froh, als sie die Praxis verlassen durfte.

Schnell eilte sie zur Garderobe, griff nach der dunkelblauen Jacke, die da hing, schlüpfte hinein und machte sich auf den Weg. Unterwegs hob sie ein paar Mal die Schultern, denn die Jacke schmiegte sich heute nicht so an wie sonst. Nun griff sie in die rechte Tasche, wo ihr Behindertenausweis sein sollte. Nichts! Also links rein! Doch da war gar keine Tasche! Nun stockte ihr erst einmal der Atem, dann ging ihr ein Licht auf: Das war gar nicht ihre Jacke!

Sie kehrte um und lief zur Praxis zurück. Aber in dem bewussten Schrank hingen nur eine graue und eine braune Jacke. Wo war die Ihre? Ihre Frage, ob vielleicht noch irgendwo eine andere Garderobe sei, wurde verneint. Jetzt legte sie die fremde Jacke ab und erzählte der Sprechstundenhilfe ihre Geschichte. Hernach erfuhr sie, dass bald nach ihrem Kommen Frau Hammer mit einer dunkelblauen Jacke die Praxis verlassen hätte. „O Gott, das ist zwei Stunden her!" dachte Frau Gruber. „Die andere Frau hatte die Verwechslung anscheinend noch nicht entdeckt.

Was tun? Ohne Jacke heimfahren? Dazu war es zu kalt! Mit der fremden Jacke heimfahren und die Adresse hier lassen? Das könnte das Beste sein! Aber Frau Hammer muss doch meine Jacke zu klein sein! Ihr müsste die Verwechslung eigentlich eher aufgefallen sein."

Nach all diesen Gedanken ließ Frau Gruber an der Theke ihre Adresse aufschreiben und machte sich ein zweites Mal mit der falschen Jacke auf den Weg. Auf der Treppe begegnete ihr eine Frau, die eine dunkelblaue Jacke auf dem Arm hatte. Beide Frauen blieben stehen. Wie aus einem Munde kam von beiden der Ausruf: „Da ist sie ja, meine Jacke!" Dann berichtete Frau Hammer, dass sie schon daheim gewesen sei und so lange nichts bemerkt habe, weil sie die Jacke offen getragen habe. Sie dachte zuerst noch, Frau Gruber hätte die Schuld. Aber sie glaubte deren Darlegungen und übergab ihr ihr Eigentum. Als sie nun beide ihre eigenen Jacken anhatten, machten sie sich auf den gemeinsamen Weg zur U-Bahn. Noch lange hörte man ihr Lachen über ihre Dummheit.

Ein unverhofftes Wiedersehen

Frau Schmied, eine ältere Dame, wollte eine Freundin im Krankenhaus besuchen. Dazu musste sie ziemlich weit mit der U-Bahn fahren. Noch vor dem Umsteigen fiel ihr ein, dass sie gerne Blumen mitbringen wolle. Weil sie nicht wusste, ob es im Krankenhaus welche gibt, fuhr sie an der entsprechenden Haltestelle mit dem Lift nach oben und kaufte in einem nahen Blumengeschäft einen schönen Blumenstrauß. Er wurde nach ihren Angaben zusammengestellt. 5 rosa Rosen, 5 weiße Gladiolen und 5 rote Gerbera sollten es sein. Die Umrahmung überließ sie der Blumenhändlerin. Beruhigt spazierte sie zurück und stieg in die Bahn, die sie zum Krankenhaus brachte.

Als sie das Zimmer ihrer Freundin gefunden hatte, fiel ihr noch während dem Anklopfen auf, dass sie das Mitbringsel nicht mehr hatte. Wo war der Blumenstrauß? Oh Gott, den hatte sie auf dem Sitz neben sich liegen lassen! Jetzt fuhr er wohl weiter U-Bahn oder jemand hatte ihn mit nach Hause genommen. Ihre Freundin, der sie von ihrer Vergesslichkeit erzählte, amüsierte sich köstlich. Na, wenigstens habe ich die Kranke zum Lachen gebracht, dachte sich Frau Schmied, ärgerte sich aber trotzdem über sich selbst.

Nach dem Krankenbesuch fuhr sie mit derselben Linie und in der gleichen Richtung wie zuletzt bis zur Endstation, wo eine Bekannte, Frau Müller, in der Nähe wohnte. Das wollte sie ausnützen und stattete also noch einen Besuch ab. Als sie dort ins Wohnzimmer trat, fiel ihr sofort ein schöner Blumenstrauß auf. „Komisch, der sieht fast genauso aus wie meiner", dachte sie, schritt darauf zu und fing zu zählen an. Tatsächlich war von allen Blumen die gleiche Anzahl vorhanden. „Das sind meine Blumen", wunderte sie sich laut. Die Bekannte hatte sie schon die ganze Zeit beobachtet, lachte nun und rief: „Sag bloß, dass *du* den Strauß in der U-Bahn vergessen hast!" Nun lachten beide und Frau Schmied erfuhr, wie es weitergegangen war: Bis zur Endstation durfte der Blumenstrauß U-Bahn fahren. Dort sah ihn beim Vorbeigehen Frau Müller, nahm ihn und wollte ihn beim Fahrer abgeben. Doch der meinte, sie soll ihn ruhig behalten, denn wenn man den Eigentümer auch fände, wären die Blumen bis dahin verwelkt.

Zum Schämen

Frau Meier war Grundschullehrerin. Am Morgen hatte sie es immer sehr eilig. Sie musste ja für ihren Schulweg eine ¾ Stunde rechnen. Also um 6 ¼ Uhr raus aus dem Bett, mit kaltem Wasser erfrischt, Zähne geputzt, angezogen, frisiert, das Frühstück zubereitet und an den Esstisch gesetzt! Zum Frühstück ließ sie sich immer Zeit, denn „man soll sich in der Früh nicht hetzen" war ihre Ansicht.

Doch kaum war der letzte Schluck Kaffee getrunken, stand sie auf, eilte zur Garderobe, nahm sich dort nicht einmal Zeit zum Licht einschalten, schlüpfte in ihre Stiefel, zog den Mantel an, setzte ihre Kappe auf, wickelte den Schal um den Hals und stürmte los. Schließlich musste sie den Bus um 7 Uhr 15 erwischen. Endlich stand sie im Bus, der sehr voll und mit schummrigem Licht beleuchtet war. Es war Januar und draußen um diese Zeit noch relativ dunkel.

Endlich in der Schule, war es genau 8 Uhr und Frau Meier konnte noch eine Tafelanschrift machen. Der Unterricht begann erst um 8 Uhr 15. Sie hatte die Angewohnheit, während des Unterrichts immer wieder durch die Reihen zu gehen. Es fiel ihr auf, dass einige Kinder in Richtung ihrer Person auf den Boden schauten, dachte sich aber nichts dabei. Wie gewohnt führte sie ihren Unterricht bis Mittag 13 Uhr zu Ende.

Auf dem Weg zum Bus wunderte sie sich, dass die Leute, denen sie begegnete, erstaunt auf ihre Beine guckten. „So schön sind doch meine Stiefel auch wieder nicht", dachte sie bei sich. Erst als sie im Bus saß und die Leute ihr gegenüber auch ihre Beine ins Visier nahmen und dann schmunzelten, besah sie sich selbst. Sie hatte einen schwarzen und einen braunen Stiefel an! „Oh Gott! Das kommt davon, wenn man sich im Dunklen anzieht", erklärte sie und errötete vor Scham. Hernach stieg sie eine Station früher aus, weil sie hoffte auf diesem Weg niemandem zu begegnen.

Doch es kam anders. Herr Becker, ihr Nachbar, kam ihr entgegen. Schon als er noch zehn Meter entfernt war, begann er zu lachen: „Ha, ha, im Finstern angezogen, was?" vermutete er richtig. Frau Meier bejahte , lächelte gequält und eilte vorbei.

Seitdem schaltet sie in ihrer Garderobe immer das Licht ein, wenn sie sich anziehen will.

Limericks

Herr Gruber aus Tripsdrill
handelt selten wie er will,
denn seine Frau, die Ute,
ist leider keine Gute,
sagt sehr oft: Sei du still!
*****

Rudi stiehlt bei Nachbar Lose
eine wunderbare Rose.
Dieser ihn durchs Fenster sieht,
worauf Rudi schnell entflieht.
Die Rose steckt er in die Hose.
*****

Eine geschlagene Stunde
joggt Anna in der Runde.
Sie sieht nicht Rudolf, ihren Vetter,
nicht einmal das schöne Wetter;
sie läuft nur wegen der Pfunde.

Charakteristiken

Da Grantlhuaba

Obwoih er im Herzn guatmüadig is
grantlt er oft rum.
Bsondas wenn er schlecht aufglegt is,
heat ma sei Gebrumm.

Gor net gern hot er Neiigkeitn,
de san fia eahm Grund gnua
zum Schimpfa üba de schlechtn Zeitn
und üba de Konjunktua.

An der hot er fui zum Kritisiern,
dabei gähts eahm gor net schlecht.
Doch hätt er moi nix mehr zum Negiern,
waar eahm des aa net recht.

D`Bixlmadam

Guat ozogn, d`Nosn in da Häh
stolziert d´Madam durch d`Schwanthaler Häh.
Grod is von am Lodn rauskemma,
mit Packln natürle, des is koa Thema.

Sie ko se angeblich ois leistn,
da Schein zäiht ja bei ihr am meistn.
Sie wui oafach wos Bsondas sei,
hoffentlich foits net moi recht nei.

Sie is lediglich a Verkeiferin,
beim Rewe hockts an da Kass`.
Im Geldbeitl hots net fui drin,
wenns neischaut, werds ganz blass.

A Schixn

Hächstns 20 Johr is jetzt oid
d`Irmi vom Nachbar Schmid.
Schod is, dass sa se net gfoit
ohne ihr Kolorit.

Augnbraun, Wimpern, Wanga, Mund
gebm es jedermann kund,
dass sie moant, nur so is schee,
und nur so hätts a Renommee.

Aa ihr Gwand ist manchmoi a Schand
und wenns so weitermacht,
is boid im ganzn Land
net bloß ois Schixn,
sondern Flitscherl bekannt.

Des waar wirklich schlecht,
denn ohne de Maskerad
is d´Irmi nett, ganz echt.
Wenn sie`s nur eiseing dad!

D`Quadratratschn

D`Minna is a Ratschn im Quadrat,
ständig hots ebbs zum Ratschn parat.
Ois wos vorkummt in da Nachbarschaft
verbreitet sie mit Leidenschaft.

Im Markt, im Hausflur, auf´m Trottoir
erzäiht sie ihr ganz Repertoire.
Oft trifft mas mehrmois am Tog
natürle beim Ratschn, koa Frog.

D`Ratschkathl is gega sie harmlos,
denn bei der Minna herrscht Chaos!
Sie is süchtig nach Neiigkeitn
und aa nach ihrm Verbreitn.

Fürn Haushoit, Kind und Mo
bleibt ihr deshalb fast koa Zeit.
Doch wos a Familie net braucha ko
is a Mutta in Abwesenheit.

Da Pfenningfuchsa

Jedn Cent draht er dreimoi um
und arwat se liaba krumm,
bevor er endlich wos kaft,
wos a leichtas Lebm schafft.

In oide Stiefe kumma sechs Zeitungseinlagn,
d`Joppn muss d`Frau zehnmoi flicka.
An am kaputtn Stuih bastlt er tagelang,
er muass hoit oiwei rumknicka.

Dawei is er gor net arm,
sondern a guata Gendarm,
kannt se leistn, wos ma braucht,
damit oan s´Lebm net schlaucht.

Der Schwätzer

Er redet gerne viel zu viel
Reden scheint sein einziges Ziel!
Auch wenn keiner es hat bestellt,
redet er über sich und die Welt.

Leider steckt wenig dahinter,
wie könnte es anders sein!
Denn ob Sommer, ob Winter,
sein Interesse gilt sich allein.

Begegnet man ihm, ist`s am besten,
man hält sich eine Fluchtmöglichkeit offen,
denn sicher gibt es bald Molesten,
die zu fabrizieren, ist er unübertroffen.

Der Pedant

Seine Exaktheit wirkt kleinlich,
das ist oft ganz schön peinlich.
Die Bücher müssen in einer Reihe stehen,
keines darf oben oder seitlich raussehen.
Das Tischgedeck darf nicht verschoben sein,
sonst schiebt er es zu recht, auch vor Frau Stein.

Macht er mal Aufgaben mit der Tochter,
schon beim kleinsten Fehler kocht er.
Pingelig ist er und viel zu genau,
vor allem gegenüber seiner Frau.
In die Suppe dürfen nur Fadennudeln rein,
mit Schnittnudeln würde sie nicht gut sein.

Schlimm ist auch seine Wortklauberei,
sie führt sehr oft zur Streiterei.
Alles sieht er nur von seiner Seite,
es fehlt ihm leider der Blick ins Weite.
Er dreht den Hauptsachen, das ist die Tücke
aus lauter Nebensachen dicke Stricke.

Der Aufschneider

Max traf heute einen alten Bekannten,
den sie als Kind einen Angeber nannten.
Max merkte schnell, dass er`s immer noch ist,
denn er redete sehr viel Mist.

Zufällig weiß Max Bescheid über ihn,
er ist nicht Attache´ in Berlin,
sondern Beamter in Bad Oynhausen
und kann mit keinem Ferrari rumbrausen.

Eine Segelyacht hatte er ebenso nie,
wie angeblich eine Freundschaft mit Sarkozy.
Er verdient nicht 200 Mille im Jahr
und das mit der Villa ist auch nicht wahr.

Er ist zwar kein Hungerleider
aber ein richtiger Aufschneider.

Der Bedächtige
oder
Schaung ma amoi

„Moanst du konnst bis siebzge awan?
Jedn Dog im Gschirr stecka?"- - -
„I mächt do driwa net palawern!
No weckt mi jedn dog da Wecka
und i stäh ganz gern im Stoi!
Schaungn ma amoi!"

„Moanst du kimmst in Himme, wennst stirbst?
Warst doch oiwei a guata Mo!" ---
„Wennst deine Sündn net auf mi schiabst,
dann is vielleicht aso.
Oda i kimm in d`Hoi!
Schaung ma amoi!"

„Moanst, dass s`Madl mi liam kannt?
Oda bin i ebba z`schiach?" ---
„Nimms doch oafach bei der Hand,
du bist ja no net siach !
Des kimmt so oder so, von Foi zu Foi!
Schaugst hoit amoi!"

A Bazi

oder

Im Verzug

A guata Spezi is er da Frieda,
so oan kriagst so leicht net wieda!
Mia dringa mitnand a Glasl Bia;
zum Fuaßboi gäht er aa mit mia.
Gestern hot er ma a Geld gliehn;
Sachan von früha hot er vaziehn.

Manchmoi is er a richtiga Bazi:
Neilich füat er mein Hund Gassi,
kimmt aba ohne Hund wieda zruck
und sogt vaschmitzt „der is im Zug".
Da laits und wer kimmt eina?
Da Hund mim Nachbarn Raina.

I gfrei mi und bi froh
und schau mein Freind forschnd o.
Wos soi der Schmarrn? wui i wissn.
Do sogt er mit ruhigm Gwissn:
Mei Gred war wirkli koa Unfug,
da Raina und da Hund warn im Ver-zug.

Da Gschaftlhuaba

Er gschaftlt rum,
er mischt se ei,
er ist zwar net dumm,
aber er wui oiwei der Wichtigste sei.

Er spuit se auf,
schiabt se in Vordergrund,
wui hoch nauf,
und konn net hoitn sein Mund.

Manchmoi moant as ja ganz guat,
doch so mancher kriagt a Wuat
und ko den Mo net aussteh.
Eimischn und Vordränga san hoit net schee.

Optimist und Pessimist

Wer viel lacht und selten traurig ist,
der ist ein wahrer Optimist!
Wer nie lacht und stets traurig ist,
der ist ein echter Pessimist.

Verschiedene Ansichten

Optimist:
Der Himmel ist heiter,
das Leben ist schön,
Man kann sich vergnügen
und schöne Dinge seh`n.

Pessimist:
Der Himmel ist wolkig,
das Leben ist voll Pein.
Es bringt Kummer und Sorgen,
wie könnt` es anders sein!

Der Pfiffikus

Er pfeift am Abend,
obwohl nichts im Säckel habend.
Er pfeift am Morgen,
ob nun mit oder ohne Sorgen.

Er pfeift beim Arbeiten,
er pfeift auf der Hochleiten,
auch wenn Freunde ihn begleiten,
eben bei allen Gelegenheiten.

Er pfeift im Hellen
und wenn Hunde ihn verbellen.
Er pfeift im Dunkeln
und wenn Leute über ihn munkeln.

Dann geht er fröhlich zum Wandern
und pfeift auf alle andern.

D`Bissgurkn

D`Bissgurkn is meist weiblichen Geschlechts
und oft Siegerin eines Gefechts.
Sie ko so guat rundum beißn,
dass de andern schnei ausreißn.

Wer wui scho bissige Bemerkungen hean
üba an Menschn, den er hot gern?
Do lasst er do liaba d`Bissgurkn steh,
soi se do seiba beißn, de Giftspritzn de!

Wia ma bloß oiwei so giftig sei ko?
Koa Wunda, wenn sie kriagt koan Mo!
Der kannt se hächstns a dicks Fell zualegn,
denn beim Zruckbeißn is er sicha unterlegn.

D´Zwidawurzn

Ois is ihr zwida,
seis da duftende Flieda,
seis Dahoambleibm oda s`Furtgeh,
sie find net amoi des Scheenste schee.

Zynisch is und launisch,
is fast imma dagegn,
zoagt schnei ihrn Harnisch,
zum Nochgebm is schlecht zu bewegn.

An oim nörglts rum!
- Is aa de andan z`dumm,-
sie find oiwei was z`aussetzn
und gegn irgendwos z`hetzn.

Jetz werds scho ganz moga
und ziemle hoga,
fürn Menschn is hoit fies,
wenn er oiwei zwider is.

D`Ratschkathl

Beim Nachbarn gibt's Neiigkeitn,
de muass Kathl schnei vabreitn,
denn wenns des net duat,
blatzt ihr no da Huat.

„Da Bua hot in Mathe an Fünfa gschriem,
drum wara boid sitzn bliem.
Da Mo is befördat worn
und d`Frau hot an Buam geborn".

De Gschicht gäht jetzt im Kreis
und auf sondabare Weis,
wias Kathl wieda höat,
do is ois vakeat:

"Da Bua is sitzn bliem,
denn er hot lauta Sechsa gschriem.
Da Mo is jetzt Chef der Firma,
und `s kloa Baby hoaßt Irma".

Der Besserwisser

Herr Maus behauptet mit großem Fleiß
dass er immer alles weiß
und auch fast alles kann;
ja, er sei ein toller Mann.
Er plustert sich auf wie ein Pfau,
auch daheim bei seiner Frau.

Er hat von sich eine hohe Meinung:
Keiner ist so eine gute Erscheinung,
keiner kennt sich mit allem aus,
wie er, der gescheite Herr Maus.
Jetzt krähen es schon die Raben,
Herr Maus will immer Recht haben.

Ein Fachmann erklärt ein Gewässer,
wieder weiß Herr Maus es besser
und schwimmt zur gefährlichen Stelle.
Da bedeckt ihn eine Welle.
Die Wasserwacht holt ihn heraus,
doch er sieht leider nicht gut aus.

Lange braucht er zum Erholen!
Will er uns noch immer verkohlen?
Vorher hat er sich mit Aktien vertan,
drum ist er jetzt ein armer Mann.

Da Streithansl

Schlimm is worn mim Hansl,
jetzt streit er scho wega am Gansl!
Weils oamoi durch sein Zaun gschlupft is,
is a Prozess fia eahm a Erfordernis.

Den hot sei Nachbar jetzt am Hois,
genau so wia da Bauer Lois
und fünf andere vorher.
Leider is des koa Mär.

Am Stammtisch is sei Plotz leer,
schuid is natürle er.
Dauernd hot er rumgstrittn,
jetzt woinsn nimma in ihra Mittn.

Er moant hoit oiwei, er hat recht!
Heit gähts eahm zum Bedauern schlecht:
Am Heisl hot er Schuidn drauf,
es stäht sogor scho zum Verkauf.

De Prozesse ham an arm gmacht
und er is mit olle verkracht.

Der Unwissende
oder
Wos woaß i?

„Moanst, dass Weda heit schee werd?
Es hoaßt, dass a Hoch uns übaquert.
Aba d`Woikn san ziemle diaf,
i glab da Weddasegn hängt schiaf!`...
"Wos woaß i? Lass mia mei Ruah!
Hoaße Dog warns grod gnua."

„Wos denkst, hot da Bua de Prüfung bstandn?
Kon er dann a Stellung kriang?
Wos werns song, de Verwandtn,
ob sa se vor Neid verbiang?"...
„Wos woaß i? Da Bua hot se blogt,
do is wurscht, wos d`Verwandtschaft sogt.

„Ob woi da Sepp in Himme kimmt?
Z`letzt hot sei Lebm gor net g`stimmt!
Er hot drunga, er hot g`raucht
und sei Frau ganz schee g`schlaucht"...
„Wos woaß i? Mia werns erfahrn,
wenns uns aa so aufbahrn."

Das Original

Wir wohnten damals in einer kleinen Nebengasse am Rande der Stadt. Ich war im Kindergartenalter und wurde täglich circa 7 Uhr 30 von meiner Mutter zum Kindergarten gebracht.

Immer an der gleichen Stelle begegneten wir einem alten Mann, der mir gleich beim ersten Mal auffiel. Seine nackten Füße steckten in Filzpantoffeln, die man beim Gehen sehr hörte, weil er seine Füße fast nicht hob, sondern damit am Boden dahinschleifte. Am Kopf trug er entweder eine blaue oder eine weiße Zipfelmütze, am Leib eine so genannte Hausjacke, wie sie damals noch von Männern im Haus getragen wurde. In der rechten Hand oder mit beiden Händen hielt er eine Riesentasse, wahrscheinlich mit Kaffee. Manchmal sang oder summte er vor sich hin und nahm immer wieder einen Schluck aus der Tasse. Sein Bart war so wie der vom Nikolaus, nur nicht weiß, sondern grau. Einmal waren wir etwas später daran, da war er schon ein Stück weitergeschlurft. Man hätte die Uhr nach ihm stellen können!

Am Spätnachmittag um 5 Uhr konnte man ihn auch treffen, genauso angezogen, aber statt der Tasse in der Hand, hatte er eine lange Pfeife im Mund, aus der immer wieder ein Rauchwölkchen aufstieg. Ich hatte noch nie vorher eine so lange Pfeife gesehen.

Im Sommer fiel er noch mehr auf. Filzpantoffeln, Zipfelmütze, Tasse und Pfeife waren die gleichen, aber was er anhatte, sah aus wie ein Sommerschlafanzug.

Immer wieder hörte man die Leute über ihn tuscheln oder gar lachen. Einmal meinten ein paar Buben, sie müssten an ihm ihren Übermut auslassen. Sie machten ihm eine lange Nase, hüpften um ihn herum und versperrten ihm den Weg. Er unternahm nichts, blieb lediglich stehen. Da waren auf einmal ältere Leute zur Stelle und nahmen sich die Buben vor. Sie erzählten ihnen, dass der Mann noch nie einem Menschen etwas getan hätte, dass er ein Schriftsteller gewesen, jetzt krank sei und sehr schlecht sehe und höre.

Ich lernte ihn eines Tages näher kennen. Ich war schon 6 Jahre alt und ging einmal allein in den Kindergarten. Aus einer Toreinfahrt kam unverhofft ein Radler gerast, streifte mich und ich fiel zu Boden und blieb liegen. Der Radler registrierte gar nicht was passiert war, sondern rannte weiter. Ich war eine Weile bewusstlos. Als ich wieder erwachte, beugte sich ein bärtiges Gesicht mit Zipfelmütze über mich und fragte, ob ich aufstehen kann. Ich probierte es und es ging. Der Bärtige nahm mich an der Hand und führte mich zu einer nahen Bank. „So, da rastest du dich aus und dann zeigst du mir den Weg zum Kindergarten", sagte er. Nach ungefähr einer halben Stunde fragte er mich, ob ich jetzt so weit wäre. Nach meiner Bejahung führte er mich zum Kindergarten und erzählte dort einer Schwester, was vorgefallen war. Erst dann ging er.- Ohne ihn wäre mir vielleicht noch mehr passiert, denn mir war gar nicht gut.

Am nächsten Tag ging er wieder spazieren wie eh und je. Wenn ich ihn grüßte, nickte er mit dem Kopf und grüßte auf diese Weise zurück.

Im Jahresverlauf

Im Januar

Lasst Euch sagen, liebe Leut`
12 Grad Minus hat es heut`!
Man spürt, der Monat Januar
ist der kälteste im Jahr.

Zum Schneien ist es zu kalt.
Der Schnee, der liegt, ist alt.
Vorsicht, er ist mancherorts sehr glatt!
Vorsicht, wer nicht gute Schuhe hat!

Heute früh, der Rauhreif an Baum und Strauch!
Herrlich anzuseh`n, findest du auch?
Man freut sich aufs Ski- und Schlittschuhfahren,
außerdem ist schon die Zeit der Narren.

So hält der Januar viel Schönes bereit,
wenn es auch kalt ist in dieser Zeit.
Man zieht sich einfach schön warm an
und genießt ihn, so gut man kann!

Der Schneemann

Papa komm, einen Schneemann aufstellen!
ruft den Vater der kleine Bub.
„Das machen wir morgen im Hellen,
jetzt ist`s so schön warm in der Stub`."

Der Bub gibt so lange nicht Ruh,
bis der Vater in den Garten mitgeht.
Zwei große Kugeln walzen sie im Nu,
bald ein weißer Mann da steht.

Damit man den besser erkennen kann,
bringt die Mutter allerlei herbei:
Einen Topf als Hut für den Mann,
zwei Knöpfe für die Augenbastelei.

Eine gelbe Rübe wird zur Nase,
ein Stück rote ersetzt den Mund.
Hoffentlich kommt kein Hase
und genießt beides als Fund.

Im Februar

Im Februar wird es Zeit
an den Fasching zu denken,
denn sein Ende ist nicht weit,
das sollte man bedenken.

So wird Frau Müller zur Haremsdame,
Herr Müller zu einem Scheich,
Frau Müller fehlt nur noch der Name,
Herr Müller weiß ihn gleich.

„Suleika sollst du heißen
und bist meine Lieblingsfrau.
Die Männer werden sich um dich reißen,
das weiß ich ganz genau.
Fall mir bloß nicht auf sie herein,
ich will dich doch für mich allein".

„Aber wir sind ja noch nicht fort".
meldet sich Frau Müller zu Wort.
„Geh du mal den Damen nicht auf den Leim,
sonst bleiben wir lieber gleich daheim".

Im März

Der Lenz ist da!
Die Vögel zwitschern es von den Bäumen.
Komm raus aus dem Haus,
sonst wirst du ihn noch versäumen!

Buschwindröschen und Veilchen
blühen nur noch ein Weilchen.
Primeln und die ersten Narzissen
wollen dich nicht vermissen!
Sie alle nicken einander zu:
Wer hier noch fehlt, bist du!

Frühlingsanfang

Froh melden es die Kalender
und alle möglichen Sender:
Der Frühling ist angekommen!
Habt ihr das heute vernommen?

Überall kann man ihn jetzt sehen,
braucht nur in seinen Spuren gehen!
In Garten, Wiese, Wald und Feld
hat er sich pünktlich eingestellt.

Forsythien, Tulpen und Hyazinthen
ihn im Garten munter verkünden.
In Feldern, Wäldern und Wiesen
spitzt neues, junges Grün hervor.
Wir können in der Sonne genießen,
der Frühling flüstert uns ins Ohr.

Am 1.April

„Geh schnell rüber zum Konsum
und hole mir ein Owidum!
Das brauch ich heute fürs Cabrio,
denn das rattert ständig so."

So sprach der Vater zum kleinen Fritz,
doch der kam ihm auf den Witz,
blieb aber einstweilen stumm,
dachte: Ich bin doch nicht dumm!

Er tat so als ob er ginge
und packte eine Zwinge
in ein schönes, kleines Paket.
Das gab er dem Vater, dem Fred.

Der öffnete es wissbegierig,
-es war auch gar nicht schwierig-
dachte: Was ist das für ein Utensil?
Sein Sohn rief fröhlich: April, April!

Der Palmesel

So früh ins Bett gingen sie noch nie,
Franz und seine Schwester Marie.
Sie wollten nicht schlafen wie ein Stein
und beim Aufstehen der Letzte sein.
Es ist im ganzen Land bekannt,
Spätaufsteher werden am Palmsonntag
Palmesel genannt.

Als Papa kam heim um neun,
hatte es den Schein,
als gäbe es keine Kinder mehr,
denn das Wohnzimmer war leer.
Auch aus ihren Zimmern kam kein Ton
und er wunderte sich schon.

Da sagte ihm Mama Bescheid
und Papa verlor keine Zeit,
nahm ein paar dicke Decken,
denn er wollte sich verstecken.
In der Scheune legte er sich ins Stroh
und war dann sehr froh.

Hier finden sie mich nicht so schnell
und ich kann ausschlafen ...
Da hörte er des Hundes Gebell,
spürte die Strohballen, die ihn trafen.
Au! rief er und lachte dazu.
Palmesel haben wohl keine Ruh.

An Ostern

Paula ist drei Jahre alt
und wohnt nahe einem Wald.
Sie denkt, sie muss nur früh aufsteh`n.
Dann kann sie den Osterhasen seh`n.

Am Ostersonntag in aller Frühe
-im Stall nebenan muhten die Kühe-
stand sie schon vor der Gartentür
und sah, der Osterhas war schon hier.

Denn nebenan im Gras versteckt
hat sie ein Nest gefunden.
Schnell hat sie die Eltern aufgeweckt
um ihnen gleich zu bekunden:

Bei mir war der Osterhas in der Nacht,
ich habe ihn beim Rückweg ausgemacht.
Da hatte er keine Eier mehr
und sein Korb war sicher leer.

Auch Frau Meier habe ich gesehen,
sie legte bunte Eier ins Gras.
Meint sie, sie sei der Osterhas
oder hat der ihr Haus übersehn?

Eia pecka

Sei Nest hot er gfundn in da Eckn
und jetzt wui er Eia peckn:
„Kimm Papa, zerst peck ma olle auf
und dann ess mas auf."

Oans nochm andan kracht,
jetzt sans scho Stuckra acht
und d`Mama sogt: Aufhörn schnei,
z`vui soins nämle net sei!
Denn sans amoi lädiert,
werns schnei kaputt, garantiert.

„Wieso is am Lucke sei Ei no ganz?"
frogt olle sei Bruada, da Franz.
Nimmts und haut drauf mit Gwoit,
aba des Ei, des hoit.

„Deswegn host du Eia peckn woin"!
Du host de Henna eahna Legeei gstoin!
So werd da Lucke o'bruit,
aba do is a seiba schuid.

Im April

Ilse denkt: Heute ist es schön,
da kann ich spazieren geh`n.
Doch bis sie angezogen ist,
regnet es voll Hinterlist.

Also zieht sie den Mantel aus
und bleibt brav zu Haus.
Kaum ist sie am Hemdenbügeln,
strahlt die Sonne bei den Hügeln.

Ilse beeilt sich und läuft hinaus,
um endlich die Sonne zu spüren!
Sie ist nicht lange aus dem Haus,
geht es weiter, das Schikanieren:

Ein starker Wind kommt auf,
dunkle Wolken hängen runter!
Ilse rennt heim mit Geschnauf,
da kommt es sogar noch bunter:

Ein Schneegestöber fegt durch die Gassen,
Ilse kann es gar nicht fassen.
Froh daheim zu sein, denkt sie still:
Soll er machen was er will, der April.

Im Mai

„Tirili", zwitschern die Vögel in der Früh`
und wecken mich aus dem Schlummer.
So schön wie heute war es noch nie,
vergessen ist jeglicher Kummer.

Die Sonne lacht heiter vom Himmel herab,
wärmt sorgend Mensch und Natur.
Ein weißes Wölkchen winkt fernab,
es freut sich die Kreatur.

Obstbäume und Beerensträucher blühen,
Stauden wachsen schnell empor.
Bienen sich beim Bestäuben mühen
und summen dabei im Chor.

Es krabbeln die Käfer,
es plätschern Ente und Gans,
das Schaf weckt den Schäfer
und der Hund fängt seinen Schwanz.

Im Juni

Anfang Juni ernten wir das Heu
und thronen auf dem Wagen oben.
Diesem Brauch sind wir gern getreu,
die Kinder können schön toben.

Wird es dann so richtig heiß,
gehen wir zum Baden;
waschen runter uns den Schweiß,
das kann keinem schaden.

Ferien und Urlaub kommen jetzt recht,
da können wir das Baden genießen.
Bloß die Schafskälte, du lieber Specht,
könnte uns alles vermiesen.

Im Juni

Der Juni bringt uns den Sommeranfang,
mancherorts wird Sonnwend gefeiert;
mit Sonnwendfeuer und Sang und Klang,
das Auto wird dorthin gesteuert.

In Gewässern kann man Kaulquappen sehen,
im Wald werden Rehkitze geboren,
im Garten viele Sommerblumen stehen,
die Schnecke hat hier nichts verloren.

Margeriten und Salbei, weiß und blau,
um nur ein paar zu nennen.
Pfingstrosen, Lupinen, eine Schau,
Schmetterlinge sie alle kennen.

Auch die Königin der Blumen, die Rose,
blüht schon in schönster Pose.
Der Juni zeigt vieles in seiner Pracht,
das hat uns Gott so zugedacht.

Im Juli

Nur noch knappe 30 Tage,
dann ist das Schuljahr vorbei
und damit die Schulgeherei.
Es erhebt sich nur die Frage:

Wie wird das Zeugnis ausfallen?
Wird es diesmal gefallen?
Dauernd ist es schrecklich heiß
und uns allen rinnt der Schweiß.

Die Hitzvakanz ist zwar erfreulich,
bei Hitze zu lernen aber gräulich.
Schüler müssen es trotzdem tun,
die Prüfungen lassen Sie nicht ruh`n.

Die Natur hat sich indessen
mit schönen Sommerblumen geschmückt.
Man kann Jakobiäpfel essen
und manch Schmetterling entzückt.

Gemüse, Obst und Getreide
reifen der Ernte zu.
Oh Natur, in anderem Kleide
gehst du dann bald zur Ruh.

Wenn´s endlich renga dat

Wenn´s endlich renga dat,
brauchat i net giaßn.
Doch de Woikn gfoits glatt
beim Vorbeiziagn nur z`griaßn!

Wenn`s endlich renga dat,
wearats Gros wieda grea.
Fia Pflanzn wars a große Gnad
und eigentli nur fair.

Wenn`s endlich renga dat,
brauchat i nimma schwitzn
und miassat net matt und fad
in der Stubm drinna sitzn.

Doch wenn`s dann endlich rengt,
is uns boid nimma recht,
denn wenn`s oiwei weita rengt,
is des *aa* fia uns schlecht.

Wenn`s mia a net fassn,
mia miassn an Herrgott woitn lassn!
Er woaß sicha warum!
Oiso nehm mas eahm net krumm.

Im August

Ferienzeit, Urlaubszeit!
Wir reisen in den Süden,
dahin, wo das Meer nicht weit
oder zu den Pyramiden.

Der Bauer hat in dieser Zeit
viel Arbeit zu verrichten,
denn im August ist Erntezeit,
die Felder sich jetzt lichten.

Getreide, Kraut und Trauben,
es ihm nicht erlauben,
sich eine Pause zu gönnen
und eine Ernte zu verpennen.

Auch die Nüsse werden schon reif
und die Vögel mit Gekeif
turnen im Nussbaum herum.
Uns treffen die Schalen-bumm.

Im September

Urlaub und Ferien sind zu Ende,
alles geht wieder seinen Gang.
Doch von allem die größte Wende
bringt der neue Schuljahranfang.

Stifte, Hefte, Radiergummi, Spitzer,
alle bekommen neue Besitzer,
die recht stolz darauf sind.
Neues freut jedes Kind.

Schulanfänger mit ihrer Tüte,
gehen ins Schulzimmer rein.
Das wird nun, du meine Güte,
lange ihr täglicher Weg sein.
Sie sind voll Erwartung und Lust,
Hoffentlich wird daraus nie Frust.

Ende September

Unentwegt strahlt die Sonne,
hei, ist das eine Wonne!
Der Himmel ist azurblau
und die Luft schön lau.

Es ist nicht zu warm,
es ist nicht zu kalt,
der Herbst zeigt seinen Charme,
bringt Frohsinn Jung und Alt.

Der Sommer ließ das Obst reifen,
der Herbst malte es fertig an.
Wir lustig ein Liedchen pfeifen,
denn Obstessen ist jetzt dran.

Zwetschgen, Birnen, Äpfel, Trauben
ja, man kann es fast nicht glauben,
wie viel da hängt oder fällt!
Oh, wie schön ist doch die Welt!

Im Oktober

Blätter in gelben und roten Nuancen
haben jetzt die besten Chancen
nicht zu verfaulen auf der Erden,
sondern aufgehoben zu werden.

Es ist ein herrliches Wanderwetter,
es wandern Kinder, Mütter, Väter,
mit einem Wanderlied auf den Lippen
kann man treffen ganze Sippen.

Sie erfreuen sich an bunten Wäldern
und den Vögeln auf den Feldern,
auch an der gesunden, frischen Luft.
Wie gut ist doch des Herbstes Duft!

Ich hoffe, sie denken auch daran,
still und rein soll sein der Tann!
Die Schonzeit ist zwar gerade vorbei,
doch es passen nie- Schmutz und Geschrei.

Im November

Tag, wo bist du geblieben?
Es ist nun 16 Uhr sieben
und du gehst schon zu Ende,
40 Tage vor der Wende!

Der Abend liegt voll im Dunkeln!
Auch wenn Mond und Sterne funkeln,
die Sonne ersetzen, schaffen sie nie!
Doch verzichten brauchen wir nicht auf sie.

Die Gestirne sind ihr großes Versprechen,
das wird sie sicherlich nicht brechen!
Zuerst kommen Schnee, Kälte und Frost,
dann scheint sie wieder länger, sei getrost!

Wir können sie nie ermessen
und noch weniger vergessen!
Sie schenkt uns Wärme und Leben;
wir lassen uns gerne geben.

Der Adventkranz

Die vier Kerzen am Kranz
zeigen nicht nur Glanz;
sie wollen den Weg
für Christus bahnen
und uns deshalb
leuchten und mahnen.
Die Kirchenglocken läuten:
Pass`auf, was sie bedeuten!

Erste Kerze: In dich gehen!
Zweite Kerze: Andere verstehen!
Dritte Kerze: Gutes tun!
Vierte Kerze: In sich ruh`n!

Es weihnachtlt scho

Auf jedm großn Plotz im Ort
hams an Tannabam aufgsteit.
Und in da Auslag vom kloa Ladl dort
kriachas rum ois ob wos feiht.

Dekoriern deans, des derfst glam,
weihnachtle woin sas macha,
an scheena Lodn richtns zam
mit vui scheene Sacha.

Am Rathausplotz steins Budn auf
a kloana Weihnachtsmarkt sois wern.
Oa Budn hot an Engl vorn dauf,
a andre an goidna Stern.

Aa d'Hausfraun lassn se ostecka,
bacha Platzl und an Stoin.
Boid riachts wia beim Becka,
so wias da Mo und Kinda woin.

3 Tog ham ma no, sogt d`Frau
und kaft schnei an Adventskranz ei.
Da kloa Maxl tuat recht schlau:
Wern mia dawei fertig sei?

Doch ois huift zam, des is gwiß,
damits schee weihnachtle is,
wenn a ofangt, da Advent
und de erste Kerzn brennt.

Da Christbaamkauf

„Jetzt derfat man aba boid kafa,
sonst kriang ma koan Gscheitn mehr!
Net, dass d`Bsuach davolafa!
Na, heia muass a Scheena her!"

So sogt da Papa zua Mama
und scho fahrns eine zum Markt.
„Gnua Geid dabei hama,
i soit bloß wissn, wo ma parkt".

Noch zehn moi im Kreis rumfahrn,
- d`Sonna is scho untaganga –
hot an obgsteit den Karrn
und sie ham s`Rumgeh ogfanga.

Da oane war z`kloa, da andre z`groß,
da dritte z`dünn, da vierte z`breit.
Koana hot passt! Wos is do los?
Koana is recht! Wos is des heit?

Endli hams an Scheena gfundn!
Da Handla hotn ins Netz neido.
Dann hams`n aufs Auto naufbundn
und jetzt – hot er g`stutzt, da Mo.

A Zettl hängt dro am Fensta,
drauf stäht „Sie stehen im Parkverbot!"
Da Papa moant, er siecht Gschpensta,
bis as oschaut, des Gebot.

Dahoam merkas dann leida,
dass aa da Baam nix Bsondas is.
„S`nächste Johr san ma gscheida,"
sogt da Papa, „des is gwiss!"

An Sylvester

Das alte Jahr hat ausgedient.
Deshalb sind wir gut bedient,
wenn wir schon ans neue denken,
denn das wird uns auch nichts schenken.

Also: Pläne schmieden, Vorsätze machen!
Keiner hat etwas zu lachen,
wenn er sich auf andere verlässt
und alle Fünf gerade sein lässt.

Trotz Plan gibt es kein Wohlergehen,
wenn wir Wichtiges übersehen.
Man braucht bei all dem Vorwärtsstreben
auch noch anderes zum Leben:

Liebe und Geborgenheit,
für den andern ein Lächeln und Zeit.
Zeit zum Verstehen und Zuhören,
dann kommt das Glück, ich möchte schwören!

Kindergedichte und -geschichten

Kindergedanken

Trude war heute im Kindergarten.
Die Mutter musste lange warten
bis sie endlich kam nach Haus,
denn sie nutzte die Freiheit aus.

Sie war ganz erregt und hatte es wichtig:
„Der Name der Tante ist sicher nicht richtig!
Wir sollen sie *Her*mine nennen,
doch dass sie kein Herr ist, kann jeder erkennen."

Die Mutter lacht und versucht zu erklären,
doch Trude ist sehr schlecht zu belehren.
Es geht ihr einfach gegen den Strich:
Zu einer Frau *Herr* sagen, fürchterlich!

Anderntags ist sie bei Tante schon vor acht.
-Es könnte ja sein, dass einer lacht.-
Nun legt sie los:
„Tante, kann ich sie etwas fragen,
darf ich zu Ihnen *Frau Mine* sagen?"

Ein Missverständnis

An 3. Geburtstag hot d`Luise ghabt,
a Radlrutsch hots kriagt,
grod hot sa ses im Gartn gschnappt,
wo sas glückle rumziagt.

Damit fahrn hots gestern woin,
Aba es is einfach net ganga.
Oiwei wieda is runtagfoin,
oamoi sogor auf d`Wanga.

Heit nimmt d`Mama s`Heft in d`Hand,
denn nach der Dinge jetzigm Stand
moant d`Luise, des geaht von alloa
und sie braucht gor nix doa.

„Oan Fuaß glei naufstein,
mitm zwoatn zerst an Schubs gebm,
schau, des gäht ganz fein
und schee klappm tuats außerdem!"

So erklärt d`Mama und machts vor.
D`Luise is am Guatllutschn,
stäht nachdenkle am Tor und frogt:
A Radlrutsch ko oiso net rutschn?

Ungewollte Ironie

Die Familie sitzt beim Essen.
Der kleine Franzl hat vergessen,
den Löffel nicht mit der Faust zu nehmen.
Die Mutter meint, er sollte sich schämen.

Franzl ist heute ein schamloser Wicht,
der Löffel verlässt seine Faust nicht;
dazu lacht er von ganzem Herzen
und wirft um zwei schöne Kerzen.

Dem Vater wird es schließlich zu viel.
Er sagt:„So, nun ist vorbei das Spiel!
Du wirst in den Hühnerstall gesperrt!
So geht es dem, der nicht hört."

Franzl bemerkt nicht Gewitter und Regen.-
Er denkt, er sei in schwieriger Lage
und stellt voll Angst die Frage:
„Aber Eier muss ich nicht legen?"

In Gedanken

Die Frieda muss einen Aufsatz schreiben.
Über Zugvögel weiß sie eigentlich viel;
aber ihre Gedanken bleiben
immer bei Essen und Spiel.

Sie schreibt – und zuzelt am Stift –
in ziemlich wackliger Schrift:
Zugvögel sind sehr gescheit.
Ganz ohne *Bratwurst* kommen sie weit.

Limerick

Unsere kleine Ulrike
Ist manchmal eine Zicke.
Erfüllt man ihre Wünsche nicht,
brüllt sie los, der kleine Wicht.
Uns treffen dann alle Blicke.

Der Schulanfänger

Der Georg ist ein Schulanfänger,
und am Schulweg ein Einzelgänger.
Die Kameraden haben nicht weit
und die Eltern keine Zeit.

Er geht pünktlich zu Hause fort
und wäre auch pünktlich vor Ort,
gäbe es nicht so manche Sachen,
wie zum Beispiel diesen Drachen,
der auf dem Baume oben flattert
und die Gans, die drohend schnattert
und die Mieze, die er muss streicheln
und unter dem Baum die schönen Eicheln -
alles, alles hält ihn auf!
Bis er endlich mit Geschnauf
kommt in der Schule an,
ist er viel zu spät dran.

Aus der Schule geplaudert

Die Lehrerin Frau Huber
ruft auf den kleinen Fritz Gruber.
Einen Satz mit „lieben" soll er sagen;
Er schaut, als ging`s ihm an den Kragen.

Endlich kommt`s aus ihm hervor:
„Ich liebe meinen Kater Mohr".
„Gut", meint die Lehrerin, „aber nun,
sollt ihr etwas anderes tun.

Die Leideform ist jetzt dran,
bin neugierig, wer die noch kann".
„Kater Mohr zerkratzt mein Gesicht",
sagt Max, wobei er aus Erfahrung spricht.

Das Kichern einiger Kinder
regt Max auf nicht minder.
Er ruft: „Ich musste wirklich leiden,
und werde Mohr in Zukunft meiden!"

Kindermund

Der dreijährige Hans-Dieter
schläft nicht gern allein
Die Mutter singt Einschlaflieder,
da schlummert er wie ein Stein.

Doch das ist nicht immer so!
Manchmal wäre sie schon froh,
wenn Hans wenigstens um neun
schliefe endlich, endlich ein.

„Der liebe Herrgott ist immer bei dir",
sind Worte, die sie oft sagt.
Sie ist am Verzweifeln schier,
doch nützt es nicht, wenn sie klagt.

Da hört sie Hans schon von weit:
„Und hat der liebe Herrgott keine Zeit,
kommt sicher die liebe Fraugott zu mir.
Gell Mama, dafür danken wir".

Weihnachtsgerüche

Von der Schule kommt der Klaus,
da riecht er sie im ganzen Haus.
Er denkt: Niemand ist hier,
also suche ich sie mir.

Er schaut in den Kleiderschrank,
blickt unter die Küchenbank,
guckt in alle Ecken,
kann sie nicht entdecken.

Er geht ins Zimmer vom Bruder.
Da sitzt das kleine Luder,
hat auf dem Schoß die Dose,
aber auch was in der Hose.

Das steigt Klaus in die Nase
und er flieht wie ein Hase.
Auf der Flucht hat er indessen
die duftenden Plätzchen vergessen.

Weihnachtsbäckerei

Eilig und in schnellem Lauf
stürmen sie die Treppe rauf:
Rudi und seine Schwester Marie,
denn heute Nachmittag backen sie.

Mutter hat den Teig hergerichtet.
Rudi hat das gleich gesichtet.
Mit einer Schürze um den Bauch
machen sie sich an den Brauch.

Fische , Vögel, Tannen, Herzen,
Engel, Monde, Sterne, Kerzen
stechen sie aus dem Teig heraus.
Zum Spaß formt Rudi noch eíne Maus.

Dann sitzen sie wartend vor dem Rohr;
beiden kommt es zu lange vor.
Endlich holt Mutter die Plätzchen raus!
Mm, das wird ein feiner Schmaus!

„Vorsicht, die sind noch zu heiß!"
Rudi vom Vorjahr noch weiß.
Marie sich am Blech eine Brennblase holt,
obwohl sie eigentlich ein Plätzchen wollt`.

Mit Marmelade, Zucker-und Schokoguss
arbeiten sie nun und es ist ein Genuss
ihre Schürzen und Gesichter zu seh`n,
denn die sind bald *wunderschön*!

„Jetzt aber ab ins Bad ihr beiden
sonst müssen die Möbel drunter leiden!"
sagt Mutter und freut sich dabei
über ihre Weihnachtsbäckerei.

Da Tierschütza

Stoiz feiert der kloane Ort
sein Ehrnbürga, Herrn Kort.
Er is aus Amerika hia
und wohnt im Goidna Stier.

Am Obnd soi a *Facklzug* sei,
do lodns aa s`Nachbardorf ei.
Es is no a Haufa z`doa,
drum is da kloa Franzl alloa.

Er gäht zu de andern, wundat se, schaut
und dann schreit er ziemle laut:
„Wos woits denn ihr mit de komischn Stecka?
Do werds unsre *Fackl* ganz schee daschrecka!"

Messer, Gabel, Scher und Licht...

Klein- Marie war damals 2 Jahre alt. Bei ihr war es eine Schere, die sie unbemerkt in die Hände bekam.

Mit ihren Bausteinen vergnügte sie sich gerade auf dem Boden, als ihrer Mutter vom Rand der Nähmaschine eine Schere hinabfiel. Ein größeres Wäschestück streifte diese hinunter und die Mutter merkte es nicht, weil der Boden mit einem nickelnagelneuen, dicken Teppich belegt war. Der war sehr teuer gewesen und Mutters ganzer Stolz. Marie durfte sich deshalb gar nicht daraufsetzen, sie bekam immer ein Stück alten Teppich dazu. Es hätte ja sein können, dass sie den neuen beschmutzt.

An das , was jetzt passierte, hatte jedoch niemand gedacht: Marie hatte die Schere fallen sehen, krabbelte hin, hob sie auf und krabbelte samt Schere wieder zurück. Die Mutter bemerkte nichts, denn wegen der Lichtverhältnisse wandte sie Marie den Rücken zu; außerdem nähte sie gerade.

Marie probierte nun die Schere aus. Endlich hatte sie diese so in der Hand, dass sie damit schneiden konnte. Kurz entschlossen fing sie an, dem Teppich die Haare zu schneiden. Wer aber denkt, sie hätte das beim alten getan, täuscht sich schwer! Die Haare von diesem waren ihr zu kurz. Also kroch sie zum Rand ihres Teppichs und „arbeitete" am neuen.

Schon ungefähr 1 qm hatte sie „beschnitten", als endlich die Mutter sich wunderte, warum Marie so still war. Sie eilte herbei, schaute den misshandelten Teppich an und war entsetzt. Mit dem konnte sie keinen Staat mehr machen! Sie wollte gerade zu schimpfen anfangen, da lachte sie Marie unschuldig an und fragte: „Hab ich dem Teppich die Haare schön geschnitten?"

Die Einbrecherin

Damals war Anni 9 Jahre alt und wohnte mit ihrer Mutter allein in einem Haus ihres Onkels. Dieser war Pflasterermeister und lagerte auf dem Grundstück seine verschiedenen Pflastersteine, seinen Kies und seinen Sand. Im Winter kam es manchmal vor, dass man dort Fußspuren entdeckte, die sogar einmal über den Antritt vor der Haustüre führten. Anni hatte immer wieder Angst, es könnte so ein Steinedieb ins Haus kommen und womöglich mit einer Pistole auf sie oder ihre Mama schießen.

Eines Morgens in den Weihnachtsferien wachte sie ca. um 6 Uhr 30, noch bei Dunkelheit, auf. Sie setzte sich auf und registrierte: Meine Mutter ist in der Arbeit und ich bin allein! Angst stieg in ihr hoch! Plötzlich hörte sie im Hausflur ein relativ lautes Geräusch. „Dort ist einer und ist an etwas gestoßen", dachte sie und versteckte sich erst mal unter der Bettdecke. Aber dieses „Vogel- Strauß –Benehmen" befriedigte sie nicht. Sie wollte wissen, in welcher Gefahr sie sich befand. So lag sie im Dunkeln ganz angespannt und steif in ihrem Bett, horchte und traute sich nicht zu bewegen. Auf der Straße war es still, niemand ging vorbei. In der Nudelfabrik gegenüber rührte sich noch nichts. Doch die Straßenlaterne leuchtete ins Zimmer, so dass sie auf den Wecker schauen konnte." Noch eine Viertelstunde, dann hört mich wenigstens jemand, wenn ich schreie", kombinierte sie. Da! Wieder ein Geräusch! Es hörte sich an, als ob eine Vase umgefallen und zerbrochen wäre. „Ist denn der im Wohnzimmer?" fragte sie sich. Nur *dort* waren Vasen. Zugleich war sie ein wenig erleichtert, denn jetzt waren Küche *und* Flur zwischen ihr und dem Einbrecher; er war also weiter weg, als sie vorher vermutet hatte. Schnell zog sie ihre Kleider an. „Angezogen kann ich besser davonlaufen", dachte sie und setzte sich auf den Bettrand. Draußen gingen nun die Arbeiter von der Nudelfabrik vorbei und unterhielten sich. „Soll ich vielleicht jetzt schon um Hilfe schreien"? überlegte sie, kam aber zu einem anderen Entschluss: „Ich schlüpfe zwischen den Gitterstäben am Fenster hinaus und laufe zu meiner Freundin". Vorsichtig und leise öffnete sie das Fenster. Eiseskälte kam herein und ließ sie an ihren warmen Mantel im Flur denken. Ihn zu holen war ihr aber zu gefährlich. Also zwängte sie sich ohne Mantel durch; das war sowieso besser, mit Mantel hätte es sicher nicht geklappt. Wie von der Tarantel gestochen lief sie die 100 Meter zu Sabine, ihrer Freundin. Dort erzählte sie alles was zu ihrer Flucht geführt hatte.

Hernach schauten sie zu dritt zum geschlossenen Fenster hinaus, hinüber zu ihrem Haus. „Wenn jemand herauskommt, rufe ich die Polizei", informierte sie Sabines Mutter. Wahrscheinlich glaubte sie ihr nicht ganz, sonst hätte sie das doch gleich tun können. Da sahen sie Annis Mutter heimkommen. Sabine lieh ihr einen Mantel und Anni rannte hinüber. Nochmal erzählte sie die ganze Geschichte. Leider war ihre Mutter ebenfalls misstrauisch: „Bildest du dir das nicht ein?" fragte sie. Sie sperrte die Haustüre auf und inspizierte nacheinander Wohnzimmer, Waschraum, Küche und Schlafzimmer, fand aber niemanden. „Dachte ich es mir doch gleich", meinte sie „bei uns gibt es ja nichts zu holen!"

Doch Anni ließ die Sache keine Ruhe und so bat sie ihre Mutter, hinter den Flurvorhang zu schauen. Er wurde zur Seite geschwungen. Und da sahen sie die Einbrecherin! Es war die 70 Zentimeter große Porzellanpupepe, die dort im Puppenwagen saß und keine Augen mehr hatte. Diese waren nacheinander in den Kopf aus Keramik gefallen und hatten dabei das beschriebene Geräusch verursacht.

Dieser verflixte Nachahmungstrieb

Die einjährige Susi ist an Werktagen untertags bei der Oma, denn ihre Eltern sind berufstätig. Oma weiß, dass Susi immer um circa ½ 10 Uhr ihr gewisses Geschäft tätigt. Deshalb setzt sie zu dieser Zeit ihr Enkelkind in den Hochstuhl, in den sie unter den Sitz den Nachttopf schieben kann. Auf die Ablage des Stuhls legt sie ein paar Bausteine und den Teddy, damit es Susi nicht langweilig wird. „So, jetzt kannst du spielen und Aa machen!" ermuntert sie die Kleine.

Hernach schält sie Kartoffeln, denn es soll Kartoffelknödel geben. In einer großen Schüssel knetet sie den Teig und formt schließlich die Knödel. Susi sieht sehr interessiert zu, schaut das zur Verfügung stehende Spielzeug an und - greift zwischen ihren Beinchen in den Topf. Bald kommt ein Händchen voll *Teig* heraus. Dieser wird geknetet und geformt, wie es Oma so schön vorgemacht hat. Einen fertigen *Knödel* bekommt der Teddy zum Probieren, dann schiebt sie selbst einen in den Mund. Dazwischen reibt sie sich immer wieder die Nase und kommt dabei anscheinend auf eine andere Idee. Sie holt *frischen Teig* aus dem Topf, knetet und formt ihn und steckt den ersten fertigen *Knödel* in ein Nasenloch, der zweite kommt ins rechte Ohr, der dritte ins linke und der vierte ins andere Nasenloch. Doch das ist zu viel des Guten. Susi bekommt durch die Nase fast keine Luft mehr und fängt zu prusten an. Oma wird aufmerksam und kommt angelaufen. Weil Susi so schön still war, hatte sie im Schlafzimmer die Betten gemacht. Sofort überblickt sie die ganze Misere. Susi hat nicht nur die Hände voll *Teig*, sondern auch Gesicht, Haare und Kleider. Der Stuhl, der Teddy, das Spielzeug und der Boden, alles ist in Mitleidenschaft gezogen.

Zwei Stunden braucht sie, bis alles wieder im Normalzustand ist.- Weil sie sich unsicher ist, ob sie aus den Ohren alles herausgebracht hat, sucht sie mit Susi am nächsten Tag sogar noch einen Ohrenarzt auf. Gott sei Dank erfährt sie, dass alles in Ordnung ist.

Besuch vom Schulrat

Eigentlich waren die 56 Viertklassler die Klasse des Rektors. Doch die meisten Unterrichtsstunden hielt dessen Beihilfe, eine junge Lehrerin, zu der die Buben *Fräulein* sagten. Damals waren alle Lehrerinnen *Fräuleins*, ob sie nun jung oder alt, verheiratet oder nicht verheiratet waren.

Eines Montags kam die Nachricht, dass die 2. Lehramtsprüfung besagter Lehrerin 2 Tage darauf stattfinden sollte. Der Rektor kam in das Klassenzimmer und berichtete *Fräulein* und Kindern gleich zusammen diese Neuigkeit: „Also am Mittwoch kommt der Schulrat zu euch. Dass ihr mir ja anständig seid"! ermahnte er die Kinder und wünschte der Prüfungskandidatin alles Gute. Kaum war er draußen, stand der schlaue Hansl auf und sagte: „ Sie werden also auch geprüft, nicht nur wir!" Die Lehrerin bejahte beiläufig und wollte ihren Unterricht beginnen. Aber die Buben waren nun aufgewühlt und mehrere hoben ungeduldig ihre Finger. Robert konnte sich nicht beherrschen, denn ihm war etwas ganz Besonderes eingefallen: „Fräulein, wir könnten es doch so machen, dass die, die etwas wissen, ihren rechten Arm heben und die anderen den linken. Dann meint der Schulrat, wir sind eine ganz gescheite Klasse!" „Ui ja, so machen wir`s!" riefen die anderen. – „Ich glaube eher, er würde das durchschauen, also gebt diesen Plan bitte auf! Es wäre außerdem eine Schwindelei, die ich nicht mitmache!" lautete die Antwort. Doch wenn die Lehrerin glaubte, die Sache wäre damit erledigt, hatte sie sich schwer getäuscht.

Am Mittwoch war dann der große Tag. Die Buben waren vor der Schule ruhiger als sonst, doch sie steckten immer wieder die Köpfe zusammen. Der Schulrat und der Fortbildungsleiter traten ein, begrüßten Lehrerin und Kinder und nahmen in den hintersten Bänken Platz. Während es läutete, lief Robert schnell zum *Fräulein* und flüsterte: „Also die rechten Arme!"

Die Lehrerin erschrak, denn sie hatte daran nicht mehr gedacht. Nichts -desto- trotz begann sie mit dem Unterricht, denn was sollte sie jetzt schon noch unternehmen. Außerdem war sie nervös. Bald stellte sie eine Frage. 56 Bubenarme gingen in die Höhe. Sie rief einen *rechten Arm* auf und bekam auch die rechte Antwort. So ging es mehrere Male. Der Schulrat begann sich bereits zu wundern, da hatte sie eine Idee: Sie rief *einen linken Arm* auf und prompt bekam sie die falsche Antwort, die darauf von *einem rechten Arm* berichtigt wurde. Trotzdem war es auffällig, dass angeblich immer alle Kinder etwas wussten und den Arm hoben. Schulrat und Fortbildungsleiter erkannten das *System* sehr bald und schmunzelten. Sie sahen auch die Not der Lehrerin, sagten aber nichts.

In der zweiten Stunde schrieb die Klasse ein Diktat. Die zwei Männer waren aufgestanden und flüsterten ein paar Sätze miteinander. „Hab` ich mir`s doch gedacht", murmelte Fritzl vor sich hin, bückte sich, holte ein Pappeschild aus seiner Schultasche und stellte es auf seine Bank. BITTE NICHT STÖREN! stand vorne und hinten darauf. Die Buben, die rundum saßen, sahen das, griffen ebenfalls in die Schultasche und stellten ebenfalls so ein Schild auf. Nun schmunzelten die Lehrerin und auch die übrigen Kinder. Doch sie arbeiteten in Ruhe weiter, bis die Prüfung nach der dritten Stunde vorbei war.

Jetzt trat der Schulrat vor die Klasse: „Eure Schwindelei mit euren Armen habe ich übrigens gemerkt! Aber ihr habt so schön konzentriert gearbeitet, dass ich euch dabei nicht stören wollte. - Aber nun sagt mir bloß", wandte er sich an die Schildaufsteller, „wovon fühltet *ihr* euch denn gestört?" „Von ihnen und dem anderen Herrn, Herr Schulrat, antwortete Fritzl ganz ernst, „wissen sie, in unserer Klasse war vor einem Jahr schon einmal eine solche Prüfung und damals haben sich die zwei Herren andauernd hinter uns unterhalten und wir sollten uns konzentrieren! Da habe ich lieber schon gestern ein paar Schilder gemacht". Aha, meinte der Schulrat nachdenklich, „jetzt habe *ich* etwas gelernt".

Limericks über Kinder

Die Schwester sprach zum Bruder:
Bitte sei heute ein Guter
und leihe mir schnell 90 Cent,
denn wenn ich mich an Papa wend`,
jagt er mir nach unsern Puter.
*****

Unsere kleine Ilsebill
ist leider nur selten still.
Nur gestern vor dem Nikolaus,
setzte ihre Stimme aus.
Jetzt ist sie wieder mobil.
*****

Unser kleiner Heiner,
der ist vielleicht so einer!
Küsst die kleine Kunigund
mitten auf den Kindermund!
Na ja, noch ist er ein Kleiner.

Tiergedichte und -geschichten

Streitamseln

Eine Amsel stand in der Wiese
und starrte auf einen Fleck.
Da kam ein Kind namens Liese
und schon war der Käfer weg.

Eine zweite Amsel kam geflogen,
im Schnabel einen Regenwurm.
Die erste glitt herbei im Bogen
und packte den Wurm im Sturm.

Nun zogen sie beide an ihrem Ende
als ob sie Tauziehen spielten.
Der Wurm hoffte sehr auf eine Wende,
die Amseln ihn immer noch hielten.

Jetzt riss er in 2 Stücke entzwei,
ein Stück kroch schnell in ein Loch
Eine Amsel stieß aus einen Schrei,
die zweite schluckte den Wurm noch.

Jetzt fielen beide übereinander her,
das kostete jeder Federn.
Wäre nicht gekommen ein großer Herr,
würden sie immer noch zetern.

Der Mops

Unser Nachbarhund, ein Mops
liebt von Herzen meine Drops.
Wehe, wenn ich einen nasche,
weicht er nicht von meiner Tasche.

Der Figur und der Zähne wegen
ist sein Herrchen sehr dagegen,
dass er von andern gefüttert wird.
„Sonst denkt er noch, sie sind sein Wirt."

So sagte Herr Meier vor Wochen.
Ich hielt mich daran wie besprochen.
Herr Meier dagegen
war dem Mops unterlegen,
fütterte zu viel, garantiert...
drum war sein Mops zum Rollmops mutiert.

Da Stiangglanda

Mirko hoaß i,
a Stiangglander bin i,
bloß weil da Papa und d' Mam
in da Rass net zampasst ham.

Aber i bi genauso stark und trei
und i hob aa gor koa Schei
genauso zu schmusen
und zu lieng an am Busen.

Wenn i aa net so schee bi
-meine Fiaß san zum Dackelkopf z`lang-
aber foing dua i wia sie,
mei Mam, und i hob aa an scheena Gang.

Lafa kon i ganz enorm,
schließle hob i a Stromlinienform.
Beim Wettlauf kimm i ois Erster o,
denn i bi ja a Stiangglandermo.

`s Hausmeiserl

Ja, wos wuist denn du im Wohnzimmer herin?
-I frei mi ja iba dein Bsuach, -
aber i glab, du host wos anders im Sinn.
Ah so, du host mein Kuacha entdeckt!
Du moanst oiso, dass dir der aa schmeckt?
Aber wart, net opicka,
sonst konn an i nimma ess`n!
I zerbräsl dir a Stückl, i denk des is am best`n.

So, i moan des kannt langa!
Wenn i dir mehr gib,
mogst du koa Mückn mehr fanga!
Und von dene gibt´s ja jetzt vui.-
Aber glab net, i hob für di koa Gfui!
Im Winter kriagst wieda was von mia;
i vagiß di g`wiß net, des vasprich i dia.

Bis dohi frei i mi olle dog,
wennst in mein Brunna bodst, des is koa Frog!
Wennst drin umananda spritzst,
di schittlst und freist
und hernach mi oschaust ganz dreist.
I schoit´n fei extra nimma ei,
denn wenn er laft, gähst du ned nei.

Der Marienkäfer

Schwarze Punkte auf rotem Grund,
klein, zierlich, fast kugelrund,
so ist er uns wohlbekannt
und wird Glückskäfer genannt.

Ein großes Glück ist es vor allem,
dass er Blattläuse mag.
Die können nur ihm gefallen
für Gärtner bedeuten sie Plag.

Die Blumen erwarten ihn als Retter,
strecken ihm die Blätter entgegen;
sie lieben ihn wie einen Vetter,
für sie ist er wirklich ein Segen.

100 Läuse vertilgt er pro Tag!
Jetzt melde sich, wer ihn nicht mag.

Der kleine Förster

20 km durch den Wald gelaufen,
nach Schädlingen, Knollen,
Larven und Mäusen gesucht.
Keine Zeit gehabt zum Raufen
und auch nicht für eine Frucht.

Tonnenweise Waldboden umgegraben
und somit die Erde durchwühlt;
hoffentlich schätzen die Bäume die Gaben,
denn oft habe ich mich müde gefühlt.

Wasser kann nun in den Boden gelangen
und Eiche, Buche und Co.,
ja, es ist tatsächlich so,
können Sauer- und Nährstoff erlangen.

Das war kein Wichtel und keine Fee,
sondern ich, das Wildschwein,
der Förster in spe.

Der Rabe

Oben auf dem Gipfel des Baumes
sitzt er und hält sich ganz still.
Ist er inmitten eines Traumes
oder schaut er aufs nächste Ziel?

Vielleicht fühlt er sich wie ein Kaiser,
der sein Reich überblickt.
Die Krähen schreien sich heiser,
während er nur weise nickt.

Jetzt dreht er sich um 180 Grad,
dann rührt er sich wieder gar nicht.
Weil er nun eine neue Perspektive hat,
genießt er anscheinend die Sicht.

Nach zirka 10 Minuten Muße
kommt ungeahntes Leben in ihn.
Er putzt seine Federn und hebt wie zum Gruße
einen Flügel in meine Richtung hin.

Oh je, ich hoffe, dieser Gruß
bedeutet nicht, was ich vermute....
Dann ist´s für mich fürwahr ein Muss,
dass ich verschwinde und mich spute.

Denn im Sommer hat solch ein Rabe
sich einfach auf meinen Kopf gesetzt.
Er sortierte das Wenige, das ich dort habe
und hat dabei seinen Schnabel gewetzt.

Dann visitierte er mein rechtes Ohr.
- Ich spürte seine Schnabelspitze -
Er wartete, als käm` da etwas hervor;-
ich sehnte mich nach einer Mütze.

Verzweifelt schüttelte ich meinen Kopf
und wollte ihn so vertreiben.
Doch dieser schwarze, schlimme Tropf
krallte sich fest und wollte bleiben.

Mein Nachbar richtete eine Spritze auf ihn;
da flog er endlich davon.
Ein Büschel meiner Haare ging mit dahin;
das war der Gastlichkeit Lohn.

Die Mücke

Schon beim Einschlafen hab` ich gemurrt;
sie ist um meinen Kopf gesurrt.
Sss, sss! Ärgerlich schlug ich nach ihr;
horch, flog sie hinaus zur Tür?

Ich stand auf und schloss diese.
Doch das Biest, das miese,
surrte um mein Bett herum!
Wollte ich sie fangen, war sie stumm.

Ich legte mich hin und schlief,
anscheinend ziemlich tief;
ich spürte keinen einzigen Stich,
die Mücke werkte meisterlich.

Sie setzte mit Lust und Tücke
Vier Stiche in eine Reih.
Sie ließ fast keine Lücke,
ich war ihr einerlei.

Seitdem juckt schauderhaft mein Fuß,
das ist der Mücke bester Gruß.

D`Meiserl im Winter

Ja sowas! Grod warst no alloa am Heiserl!
Jetzt seids auf oamoi zu siebt!
Und i hob g`moant, do is nur mei Hausmeiserl,
des im Somma aus mein Brunna a Wassa nippt.
Do hob i mi ja sauba g`irrt!
Aber i bin ganz gern aa von sieme da Wirt.

Eigentli hob i sowieso an mehra Vögl denkt
und a Heiserl voi Kerndl und Meisenknedl
nausg`hengt.
Ihr Koih -, Blau- und Haummeiserl
kummts nur her!
Wenn dann `s Heiserl und d`Sackl leer,
werd ois wieda rechtzeitig gfuit,
denn auf de Sachan seids ja ihr wuid!

I schau eich jed`n Dog a boamoi zua,
wia ihr an die Knedl hi arbats in Ruah,
wia ihr eich Kerndl raus- und aufpickts
und dabei mit eire Köpferl nickts.
Des is so liab, des macht mei Herz so froh!
Mensch, schaus o, dann gäht`s dir grod a so!

Wasti und die Wespe

Der Wasti ist ein junger Hund,
neugierig und auch kerngesund,
schnuppert er in der Wiese herum
und erschrickt bei der Wespe Gebrumm.

Nach einem Schritt rückwärts und Bellen
will er die Wespe stellen;
diese leider schneller denkt
und zu seiner Nase schwenkt.

Dort schwirrt sie ein paarmal im Kreise.
Wasti benimmt sich jetzt weise,
hebt eine Pfote, sitzt ganz still,
denkt: „Was *die* von mir will?

Ich werde sie jetzt fangen,
dann brauch ich nicht mehr bangen!"
Ist sie auch nur ein kleiner Happen,
er erhebt sich und will sie schnappen.

Doch die Wespe kommt ihm zuvor
und sticht ihn schmerzhaft in sein Ohr.
Er flüchtet, jault, zieht ein seinen Schwanz,
auf Jagd und Happen verzichtet er ganz.

Katze und Maus

Miau, miau, ruft die Katze
ein kleines Mäuslein hat sie,
das legt sie ausgerechnet mir
freigebig vor die Tür.

Die Türe, die ist offen,
das lässt das Mäuslein hoffen.
Erst starr vor Schreck, aber unverletzt,
es nun unter meinen Kühlschrank wetzt.

Da liegt die Mieze jetzt davor,
lauert und spitzt das Ohr
und wenn ich an meinen Kühlschrank möcht,
knurrt und faucht sie mich an nicht schlecht.

Doch bei solcher Prozedur
läuft das Mäuslein mit Bravour
wieder in den Garten hinaus
und ist dort eine frohe Maus.

Denn Minka, des Nachbarn Mieze
hat nicht bemerkt das Getrieze,
liegt nach wie vor beim Frigidär.
Ach, wenn sie doch beim Nachbarn wär!

Die Katze und das Aquarium

Meiers haben eine Katze
seit gestern auch ein Aquarium.
Mieze sitzt dort und ihre Tatze
streicht dauernd daran herum.

Nun will sie einen Fisch fangen
und tappt ins Wasser hinein.
Um den Fisch braucht man nicht bangen,
denn Mieze will trocken sein.

Schnell zieht sie die Pfote heraus
und verzieht sich in eine der Ecken.
Das Wasser ist für sie ein Graus,
drum muss sie sich trocken lecken.

Ein Fisch legt es darauf an,
schwimmt ziemlich hoch hinauf.
Mieze schleicht rundum und dann -
gibt sie es wieder auf.

Später schaut sie noch ab und zu
lauernd zum Aquarium hin.
Doch weil das Wasser für sie tabu,
denkt sie: Das hat keinen Sinn.

Der Hund Bello

Bello ist in den besten Jahren
und möchte sich gern paaren.
Riecht er eine Hundedame,
vergisst er Pflicht und Name.

Er hört keinen mahnenden Ruf,
zieht wie wild an der Lein`,
stellt sich mit Kampfhunden auf eine Stuf`,
zum mindesten hat es den Schein.

Heute hat er sich fortgeschlichen,
niemand hat es entdeckt.
Ein Weibchen wollte er ehelichen,
da wurde er aufgeschreckt.

Eine Schüssel voll Wasser klatschte auf ihn,
das war die beste Medizin!

Der Einbrecher

Damals war ich ungefähr 13 Jahre alt und lebte mit meiner Mutter in einer 1 ½-Zimmer-Wohnung mit Wohnküche. An einem Sonntag kam mein Onkel vorbei und nahm uns zu einem Krankenbesuch mit. Wir zogen uns schnell an, schlossen die Balkontüre und versperrten die Wohnung. Die Fahrt zu dem Kranken ging mit Straßenbahn und Bahn vor sich, ebenso die Rückfahrt und dauerte jeweils 1 ½ Stunden. So kamen wir erst am Abend bei Dunkelheit wieder heim.

Meine Mutter sperrte die Wohnungstüre auf und wollte das Flurlicht einschalten. Aber es blieb dunkel; anscheinend war die Glühbirne ausgebrannt. Nun wollte sie die Küchentüre öffnen. Doch auch dabei hatte sie kein Glück. Nur ein ungefähr 3 cm breiter Türspalt war das Ergebnis ihrer Bemühungen, dann spürte sie einen Widerstand. Mein Versuch, die Türe aufzubekommen, scheiterte ebenfalls. „Oh Gott, da ist sicher ein Einbrecher drin!" rief ich. „Ich glaube nicht, was sollte denn der bei uns wollen", beschwichtigte mich meine Mutter und schaffte mir an, bei unseren Nachbarn eine Taschenlampe zu erbitten.

Bevor ich dort die Klingel betätigte, schossen mir eine Menge Gedanken durch den Kopf: „Der Dieb hat wahrscheinlich mein silbernes Firmungsketterl mit dem Rubinsteinkreuz gestohlen! Und die Schachtel mit den Ersparnissen meiner Mutter wird er auch gefunden haben! Jetzt möchte er sicher von innen zusperren und über den Balkon abhauen!".

Unser Nachbar, Herr Meier, wollte helfen und kam mit. Er leuchtete den Türspalt ab und entdeckte alle möglichen Fäden und Gummibänder, die innen von der Klinke ausgehen mussten. Meine Mutter sah das, lachte und wusste sofort, wer der „Einbrecher" war: Mucki, unser Kater, der erst seit 2 Wochen unser eigen war. – Als wir so überstürzt fortgeeilt waren, hatten wir in alter Gewohnheit die Balkontüre zugemacht, obwohl sich draußen das Katzenklo befand. Mucki konnte nicht hinaus und hätte sicher in der langen Zeit unserer Abwesenheit mindestens einmal „ gemusst". Umso wilder waren seine Spiele! Er hatte unseren Nähkorb umgeworfen und mit dem Inhalt die Absperrung bewirkt. Mit seinem Taschenmesser schnitt Herr Meier eine Menge Fäden und Bänder durch, bis wir endlich eintreten konnten.

Nun bot sich uns ein Bild der Verwüstung. Die ganze Küche war verwebt. Um Tisch-, Kasten- und Stuhlbeine, ja sogar um die Stuhllehnen waren Zwirn, Wollgarn, Nähgarn und Hosengummi gewickelt. Ein Stuhl war umgefallen. Eine Schublade lag am Boden, ihr Inhalt war in der ganzen Küche verstreut. Über ein Fadenkreuz wäre meine Mutter beinahe gefallen. – Wir mussten mit der Schere ran und waren gezwungen, sehr viel teures Nähzeug wegzuwerfen. Ich glaube, wir arbeiteten eine gute Stunde, bis wir wieder Ordnung geschafft hatten, denn Mucki, der inzwischen sein Geschäft erledigt hatte, *half* uns dabei: Er jagte nach jedem Band und Knäuel, das wegen des Gebrauchs der Schere zu Boden fiel und war nicht davon zu überzeugen, dass uns das störte.

Vermisst

In unserem Wohnblock in München wohnte 2 Häuser weiter im ersten Stock eine alleinstehende, ältere Frau mit Ihrem Kater. Peter, so hieß der Kater, wurde jeden Morgen in einem Eimer an langer Schnur vom Balkon heruntergelassen. Wollte er wieder heim, maunzte er unten und wurde auf die gleiche Weise wieder hinaufbefördert.

Eines Tages im Sommer wartete Frau Huber vergebens auf das Maunzen. Peter kam bis zum späten Abend nicht zurück. Am nächsten und übernächsten Tag ebenso wenig, ja, es verging sogar noch die ganze nächste Woche, ohne dass ihn irgend jemand gesehen hätte. Frau Huber war sehr traurig und dachte, er sei überfahren worden. Da erzählte ihr eine Nachbarin, Peter mit einer anderen Katze im nahen Wald getroffen zu haben. Deshalb schöpfte Frau Huber wieder Hoffnung und wartete erneut Tag für Tag und Woche für Woche.

Endlich - es waren inzwischen 4 Wochen vergangen- hörte sie das Miauen. Es war sehr laut und - zweistimmig. Unten stand neben Peter noch eine zweite Katze und beide hüpften in den Eimer. Frau Huber war überglücklich und fütterte natürlich alle zwei Tiere. Sie dachte jedoch, Nummer 2, auch ein Kater, würde nur einen Besuch abstatten.

Es kam anders: Der Eimer beförderte jeden der

nächsten Tage zwei Katzen ins Freie und nach dem entsprechenden Maunzen zwei Katzen wieder zurück. Frau Huber fragte überall herum, wem Nummer 2 gehört, machte sogar beim Bäcker einen Anschlag, hatte aber keinen Erfolg. Nach einiger Zeit gab sie dem zweiten Kater den Namen Paul und sorgte also nun für Peter und Paul.

Als Peter nach zwei Jahren verstarb, blieb ihr noch 5 Jahre der jüngere Paul. Sie war sehr froh darüber und sagte: Ich glaube, Peter hat damals seinen Nachfolger gesucht.

Buale

Zuerst muss ich sicher den Titel erklären. Es ist ein bayerischer Name und bedeutet auf Hochdeutsch „kleines Bübchen". In meiner Erzählung ist damit ein kleiner Kater gemeint.

Dieser gehörte Frau Müller, die mit Buale auf dem Land neben einem Bauernhof wohnte. Der kleine weiße, orange und schwarz gefleckte Kater war erst ein gutes Jahr alt, sah sehr süß aus und war rundum beliebt. Er besuchte regelmäßig sämtliche Nachbarn, bekam auch da und dort kleine Happen, kehrte aber immer wieder nach Hause zurück.

Eines Tages fiel Frau Müller auf, dass er anfing, ziemlich füllig zu werden. Sie wandte sich an Buale: „Ich glaube, ich muss mal mit unseren Nachbarn ein Wörtchen reden. Die dürfen dich nicht mehr füttern, sonst wirst du zu dick!" Gesagt, getan! - Die Nachbarn verstanden und hielten sich daran.

Einige Wochen danach war Buale auf einmal verschwunden. Frau Müller suchte überall nach ihm und fragte immer wieder die Nachbarn, aber alles ohne Erfolg. Sie hatte die Hoffnung schon aufgegeben, als die benachbarte Bäuerin vorbeikam und berichtete, dass Buale bei ihr in der Scheune wäre. Er habe sich dort im Stroh eine Liegestatt gebaut, in der außer ihm 5 kleine neugeborene Kätzchen lägen. - Frau Müller war baff.

Mit brüchiger Stimme sagte sie:"Buale? 5 Kätzchen? Aber er ist doch ein Kater!" Schön langsam kam ihr die Erleuchtung, dass das sicher nicht der Wahrheit entsprechen konnte.-Sie entschloss sich, es dem weiblichen Buale zu überlassen, wann und ob er wieder zurückkommen will. Vorderhand waren die Katzenkinder noch zu klein für einen Umzug! Die Bäuerin war einverstanden. Sie hätte ja Buale am liebsten für immer behalten, „denn gute Mäusefänger kann ich brauchen", meinte sie.

Nach circa 14 Tagen stolzierte eines Morgens Buale ins Wohnzimmer von Frau Müller, hüpfte auf das Sofa, legte sich auf das größte Kissen und drehte sich mehrmals darauf um, bis eine Mulde entstanden war. Hernach lief er weg. Nach 5 Minuten erschien er wieder und hatte ein Kätzchen im Maul. Das legte er ins hergerichtete Bett, verschwand wieder- kam wieder- bis alle 5 Katzenkinder im Bett lagen. Erst jetzt legte er sich dazu. „Er" war eben eine gute Mutter.

Lyrisches und Besinnliches

Wenn die Zeit stehen bleibt

braucht man nicht mehr hetzen,
muss nicht in die Arbeit wetzen.
Die Zeit steht dauernd still,
folglich macht man was man will.

Kann lesen, baden, schlafen, essen,
sich mit Freunden beim Spiele messen.
Keine Zeit mahnt: Zur Arbeit! Auf!
Man lässt allem seinen Lauf.

Doch zum Lauf braucht man Zeit!
Und Zeit, die steht, führt nicht weit!
Wie die Uhr bleibt man steh`n,
das Ergebnis kann man seh`n:

Dinge zum Leben, Trinken Essen,
alles kann man schnell vergessen!
Niemand kümmert sich darum,
keiner mehr macht sich krumm!

Ohne fortschreitend genutzte Zeit
herrscht schnell Ausweglosigkeit!
Drum liebe Zeit bleib nicht steh`n,
denn wir wollen mit dir geh`n.

Im Vorfrühling

Was für ein wunderschöner Tag!
Die Sonne scheint,
die Vögel zwitschern uns ins Ohr
und ganz ohne Gärtners Plag
leuchten Krokus und Winterling vereint
zwischen den Sträuchern hervor.

Das ist ein Geben und Empfangen!
Bienen sind bei den Blumen zu Gast,
die ihnen die Kelche entgegenstrecke
Die Summer brauchen nicht bangen
und können ohne Hast
an den vielen Blüten lecken.

Die Blumen nicken hoch erfreut,
denn die Nehmer sind auch Geber,
bringen Leben fürs nächste Jahr,
in dem sich dann erneut,
was über uns der große Weber
macht immer wieder wahr.

Der Löwenzahn

Der Löwenzahn, der Löwenzahn,
der hat so einen klugen Plan,
wie er die Menschen kann beschenken,
dass sie lieber an ihn denken.

Zarte Blätter für gesunden Salat,
oder auch für guten Spinat,
Gold`ne Blüten für den Kranz im Haar
schenkt er uns gern jedes Jahr.

 Auch die kleinen weißen Schirme,
die man so schön blasen kann,
sind für uns und nicht für Stürme,
aber das glaubt nicht jedermann.

Denn er breitet sich aus im Garten,
lässt andern Pflanzen kaum einen Platz.
Die Wurzeln mit Wucht in die Tiefe starten,
nein, für den Garten ist er kein Schatz.

Mutter

Mutterliebe!
Kein anderes Wort birgt
so viel Innigkeit.
Mutterherz!
Kein anderes Wort erzählt
so viel von Freud und Leid.
Mutterhände!
Kein anderes Wort spricht
so von Sorg` und Arbeit.
Mutter! – Es ist nur ein Wort!
Doch es adelt alles - immerfort.

Im sommerlichen Garten

Sein Grün tut meinen Augen gut.
Der Vögel Zwitschern bringt frohen Mut.
Die blühenden Blumen erfreuen mich.
Schmetterlinge gaukeln und erquicken sich.
Die gute Luft erfrischt die Lunge,
so dass sich bald löst meine Zunge.
Ein Plausch mit dem Nachbarn beginnt.
Doch der eilt zum weinenden Kind.

Da hör` auch ich ein Jammern und Rufen,
es kommt von hinten, von den Stufen:
Befrei uns vom Unkraut, sei so gut!
Ich hol` schnell meinen Sonnenhut,
denn vor der Sonne soll ich mich hüten.
Von den Stauden zupf` ich verwelkte Blüten,
beginne zu jäten Stück um Stück
und schon erfüllt mich des Gärtners Glück.

Die Zwergaster

Zwergaster werde ich genannt,
bin allen Bienen wohl bekannt.
Zwerg bin ich zwar keiner,
nur meine Blüten sind kleiner.

1 ½ m Höhe, ¾ m Durchmesser,
nicht viele Stauden können das besser!
Dabei eine Blüte an der andern,
die Bienen brauchen also nicht wandern.

Das ist ein Gesummse im Sonnenschein!
Kommt her, ich lade euch herzlich ein!
Seht, wie die Bienen fleißig sind,
mehr schafft nicht einmal der Wind!

Es ist auch noch zu vermerken:
Jede kann in Muße werken,
keine jagt die andre fort,
Hier ist ein friedlicher Ort.

Ein Platz der Ruhe auch für dich,
an dem du spürst ganz innerlich:
Gut ist`s zu leben und leben zu lassen
und vor allem niemand zu hassen!

Das Blatt auf der Hand

Es schwebte vor meiner Nas`.
„Ich will nicht ins Gras,
aber ich will auch nicht stören!"
glaubte ich zu hören.
Ich hielt meine Hand auf
Und schon lag es drauf.

Es war herrlich anzuseh`n
und ich blieb vor Ehrfurcht steh`n.
So Schönes soll im Gras verderben?
Nein, dich lasse ich nicht sterben!
Du verdienst einen Ehrenplatz,
denn du bist für mich ein Schatz.

Statt am Boden im Gras,
liegt es nun hinter Glas.
Ich kann es betrachten alle Tag`
in meinem Zimmer, so oft ich mag.
Ein großer Maler bist du Herbst,
so wie du die Blätter färbst.

Blätterreigen

Herrlich, sagen verzaubert die Leute
und schauen unser Herbstkleid an.
So lustig bunt seid ihr heute,
hier ist`s nun schöner als im Tann.

Doch wir wollen uns weniger zeigen,
als vielmehr drehen unseren Reigen!
Wir wollen vom Baum herunter,
fliegen, springen und tanzen munter.

Da kommt der Wind um die Ecke,
treibt alles voran eine lange Strecke.
Er bläst ein paarmal die Bäume an,
bis jedes Blatt fliegt soweit es kann.

Jetzt beginnt ein Tanzen, ein Auf und Nieder,
Huih, pfeift der Wind wieder und wieder,
Polka, Walzer, Tango, Galopp,
Spielleiter Wind ist sehr salopp.

Da schleicht sich an verwegen,
ein nasser Kerl, der Regen!
Nur er kann den Wind besiegen!
Die nassen Blätter bleiben liegen.

Die letzte Rose

Sie blühte geschützt und geborgen
in meinem Gartenbeet.
Ich freute mich jeden Morgen,
wusste, dass auch sie geht.

Heute Früh war es so weit:
Ergeben hing sie am Strauch;
ein Zeuge der Vergänglichkeit,
erfroren durch des Frostes Hauch.

Sie fiel herab, der Strauch blieb stehen;
aus ihm sprießt es nächstes Jahr!
Jedes Leben hat ein Auferstehen,
so wie es schon immer war.

Raureif

Liebe Sträucher in meinem Garten,
ihr könnt es sicher kaum erwarten
bis ihr wieder schön wie heute früh.
Das war herrlich, aber wie!

Wie überzuckert standet ihr da!
Ich war hoch erfreut, als ich euch sah.
Da kam die Sonne um die Ecke,
auf dass sie genüsslich an euch schlecke.

Wenn auch nicht für lange Zeit
hattet ihr jetzt ein noch schön`res Kleid!
Die Menge Wassertropfen, die entstand,
glitzerten und haben mich übermannt.

Nun steht ihr zwar in der Sonne,
doch vorbei ist alle Wonne!
Zucker und Glitzern, alles fort,
aber ich gebe euch mein Wort:

Sicher an einem der nächsten Morgen,
Nebel und Frost werden dafür sorgen,
seid ihr wieder genauso schön
und so wunderbar anzuseh`n.

Sternschnuppen

Die kleine Sternschnuppe hing sehr lose
am großen wuchtigen Meteor.
Sie wollte, dass jemand sie kose,
doch niemand hatte für sie ein Ohr.

„Würde ich zur Erde fallen,
könnte ich leuchten und wäre schön.
Den Menschen tät` ich einen Gefallen,
weil ihre Wünsche in Erfüllung geh`n."

So dachte sie und löste sich sachte
und flog durch das Himmelszelt.
Eine andere Schnuppe lachte,
nahm sie und reiste mit ihr durch die Welt.

Fröhlich waren die beiden,
weil sie sich hatten gefunden.
Sie konnten sich sehr gut leiden
und hielten Sekunden für Stunden.

Auf Erden war zu Ende ihr Leben;
sie hatten sich und andere glücklich gemacht.
Sie hatten ihr Bestes gegeben
bei ihrem Flug durch die dunkle Nacht.

Die Christrose

Bescheiden blüht sie an Beetes Rand,
ist als Christrose wohl bekannt,
ist weiß wie der Schnee,
der sie leider oft bedeckt,
während sie sich mühsam reckt,
damit jeder sie besser seh`.

Eine Pflicht ist es für sie
zum Christfest zu blühen.
Dafür scheut sie keine Mühen,
darauf verzichtet sie nie.
Die Liebe gibt ihr die Kraft,
die es immer wieder schafft.

Eine Blüte erinnert an Herzlichkeit,
eine an den Frieden
eine an Zufriedenheit
und Verstehen hienieden.
Kommt die Liebe noch hinzu,
hat die Rose endlich Ruh.

Advent

Der Advent ist die Zeit der Vorbereitung
und somit die Zeit der Wegbereitung!

Darum lieber Mensch,
denke dran und übe Herzlichkeit!
Sie ist aber nur mit Offenheit
und Ehrlichkeit möglich!

Bevor du über deinen Nächsten ein Urteil fällst
versetze dich in seine Lage ,
damit du ihn besser verstehen lernst!
So kann sogar aus Streit Friede werden!

Löse dich von Oberflächlichem
und Äußerlichkeiten,
verschwende keine Zeit damit!

Lasse innere Werte zu Dir sprechen
und nimm dir Zeit Gutes zu tun!

Strebe nicht nach mehr Haben,
sei zufrieden mit dem was du hast!
Zufriedenheit schenkt dir innere Ruhe und
öffnet deinen Blick für Wichtiges und Schönes!

Hab Vertrauen wo irgend möglich,
Misstrauen ruft meist Schlechtes herbei!
Sehe nicht schwarz, sei zuversichtlich,
denn das gibt dir Selbstvertrauen!

Sind wir so gerüstet, kann die 4. Kerze langsam
verglühen. Wir sind bereit für das Fest der Liebe.

Utopische Nachbarschaft

Sie lachen zusammen gerne,
spucken um die Wette Kerne,
füllen den Abend mit erbauendem Spiel,
denn das bedeutet ihnen viel.
Sie trösten sich bei Kummer und Schmerz,
jeder hat für den andern ein Herz.
Sie helfen sich in der Not,
bis die Dinge wieder im Lot.
Streiten tun sie fast nie!
Ist das alles nur Utopie?

Silvester

Ich sehe Silvester ganz nüchtern
wie Janus mit zwei Gesichtern:
Das eine wissend, vom alten Jahr geprägt,
das andere neugierig und aufgeweckt.

Das eine könnte viel erzählen,
vom Schlechten will ich auserwählen:
Da gab es Lügen, Leichtsinn und Streit,
Egoismus und Durchtriebenheit.

Doch auch Gutes ist zu berichten,
das konnte sicher manches schlichten:
Gemütlichkeit, Freude und Heiterkeit,
Verstehen des Nächsten und Herzlichkeit.

Wollen wir hoffen fürs nächste Jahr,
dass wir unsere Vorsätze machen wahr!
Dürfen wir immer gesund dabei sein,
kommt unser Glück von ganz allein!

Warum?

Warum soll man heute schaffen,
wenn es doch ein Morgen gibt?
Warum heute viel erraffen,
was man morgen nicht mehr liebt?

Warum soll man Häuser bauen,
wenn sie morgen sind zerstört?
Warum heute Menschen trauen,
die es morgen nicht mehr wert?

Aber warum auf Morgen sehen?
Ist doch das Heute genauso gut!
Lasse es nicht ungenutzt vergehen,
dann hast du morgen frischen Mut!

Der Abreißkalender

Blatt um Blatt wird ihm abgerissen
und dann in den Müll geschmissen.
So verliert er ständig Masse
und letztendlich seine Klasse.

Doch er erfüllt noch einen Sinn!
Er ist für uns ein Gewinn,
wenn wir hurtig in uns gehen
und seine Mahnung verstehen:

Wirf die Tage nicht weg, nutze sie!
-Anders erreicht man Ziele nie!-
Mit Fleiß und Verstand sie füll`,
vergebens wartet dann der Müll!

Ist es so?

Nichts wie Reichtum, Macht und Ruhm
kursieren in deinem Kopf herum,
sind die Triebkraft deines Handelns!
Unmöglich scheint der Tag des Wandels.

Hektik, Ablenken, Konsumieren
lassen dich hasten, lassen dich rennen!
Willst du wirklich ewig gieren?
Horch, ich will dir Besseres nennen!

Genieß den Augenblick jetzt und hier!
Schenke den andern ein Lächeln von dir!
Sei zufrieden mit dem was du hast,
denn du bist auf Erden nur Gast!

Aphorismen

Leben in Luxus bringt meistens kein Glück,
in Zufriedenheit leben immer.

Zufriedenheit schenkt uns innere Ruhe
und öffnet den Blick für Wichtiges und Schönes.

Oberflächliches und Äußerlichkeiten
verbrauchen unnütz unsere Zeit.

Wo irgend möglich sollte man Vertrauen haben,
Misstrauen ruft meist Schlechtes hervor.

Der Weg zu Reichtum, Macht und Ruhm ist oft
mit Korruption und Rücksichtslosigkeit
gepflastert.

Das Wenige ist sehr oft mehr! Man muss es nur
von der richtigen Seite aus betrachten!

Nicht nur Großes führt zum Ziel! Auch Kleines kann sehr viel bewirken.

Wer Leichtigkeit mit Leichtsinn,
Heiterkeit mit Ausgelassenheit
oder Mut mit Übermut verwechselt,
kann sehr schnell straucheln.

Reichtum ist keine Garantie für ein schönes Leben.

Ein zufriedener Mensch ist sicher glücklicher, als einer, der immer mehr haben will.

Das Streben, in Luxus leben zu wollen, führte schon manchen zu unrechten Taten oder zu einer Krankheit.

Kleine Schritte führen oft schneller zum Ziel als große, die uns gerne stolpern lassen.

Man würde den Reichtum nicht so schätzen, gäbe es die Armut nicht.

Die Armut würde nicht so schlimm empfunden, gäbe es den Reichtum nicht.

Man sollte sich immer zuerst in die Lage seines Nächsten versetzen, bevor man über ihn ein Urteil fällt.

Man sollte sich nicht zu schlechtem Denken über einen Menschen manipulieren lassen, sondern sich sein Urteil selbst bilden.

Mit einem Lächeln auf den Lippen kannst du manch Schlechtes zum Guten umkippen.

Schwarzseherei macht ängstlich. Es ist besser immer das Positive zu sehen.
Zuversichtlichkeit schenkt Selbstvertrauen.

Herzlichkeit ist nur im Verein mit Ehrlichkeit und Offenheit möglich.

Zu den Zeichnungen:

Die Zeichnungen zu dem Gedicht „Wasti und die Wespe" stammen von Fedor Flinzer 1832 – 1911.

Zu den Gedichten „Weihnachtsbäckerei", „Utopische Nachbarschaft", „Christbaumkauf", „Der Hund Bello", „D`Bixlmadam"und „Der Schulanfänger" zeichnete Andrea Maiwald.

Alle übrigen Zeichnungen, auch Ornamente und Ranken, sind von Hildegard Pflügler, der Autorin.